KB233362

영화로 배우는 한국어
看电影学韩语

오 세 암

(五 岁 庵)

영화로 배우는 한국어
看电影学韩语

오 세 암
(五 岁 庵)

김 숙 자, 김 규 진

한국학술정보[주]

작가소개

정채봉(1946~2001), 아동문학가.

정채봉은 1946년 전남 승주의 작은 바닷가 마을에서 태어났다. 바다, 학교, 나무, 꽃 등 그의 작품에 많이 등장하는 공간적 배경이 바로 그의 고향이다.

그의 어머니는 스무 살 꽃다운 나이로 세상을 떠나고, 아버지 또한 일본으로 이주하여 거의 소식을 끊다 시피해서 정채봉은 할머니 손에서 성장하게 되었다.

소년 시절의 정채봉은 늘 혼자였다. 그래서 우두커니 앉아 바다를 바라보는 시간이 많았다. 그래서 어린 정채봉은 상상의 나래를 펼쳐 나무와 풀, 새, 바다와 이야기하고 스스로 전설의 주인공이 되어 보기도 하는 '생각이 많은 아이'였던 것이다.

그러나 이른바 '결손 가정'에서 성장한 소년의 외로움은 오히려 그를 동심의 꿈과 행복, 평화를 노래하는 동화작가로 만들었다.

그는 1983년 「물에서 나온 새」로 대한민국 문학상(아동문학부문)을 수상하고, 1986년에는 「오세암」으로 제14회 새싹 문학상(동화부문)을 받는 등 많은 수상 경력이 있다.

作者简介

丁埰琫(1946～2001) 儿童文学作家

丁埰琫1946年出生于全南升州郡海边的小渔村。出现在他作品里的大海、学校、树、花等背景就是他的家乡。

他妈妈二十岁时就去世了，他爸爸移居到日本后也几乎没有联系。是奶奶把他育养成人的。

他小时常常一个人玩耍，经常呆呆地坐着看大海。因此，他展开想象的翅膀，与树、鸟和大海对话，把自己当成传说中的主人公。他是个充满想像的孩子。

但是，没有父母的家庭里成长出来的少年的孤独，反而使他成了一个歌唱梦、幸福与和平的童话作家。

1983年，他的「出水鸟」获得大韩民国文学奖(儿童文学部分)，1986，「五岁庵」获得第14届萌芽文学奖(童话)等多次获奖。

오세암에 대하여

오세암은 대한불교조계종 제3교구 백담사의 부속암자이며, 백담사에서 10㎞ 떨어진 곳에 있다. 647년(신라 선덕여왕 13년) 자장(590-658년)이 이 곳에 선실(禅室)을 지은 뒤, 관세음보살이 언제나 함께 있는 도량이라는 뜻으로 관음암(观音庵)이라고 하였다. 1643년(인조 21년) 설정(雪净)이 중건하고 오세암으로 이름을 바꾸었는데, 이름을 바꾼 데에 따른 전설이 전하고 있다.

설정이 고아가 된 형님의 아들을 이 암자에서 키웠는데, 어느 날 월동 준비를 하기 위해 혼자 양양까지 다녀와야 했다. 그 동안 혼자 있을 4살 된 어린 조카를 위하여 며칠 동안 먹을 밥을 지어놓고, 조카에게 밥을 먹고 난 뒤 법당에 있는 관세음보살상에게 '관세음보살, 관세음보살'이라고 부르면 잘 보살펴줄 거라고 일러주고 암자를 떠났다. 그러나 설정은 밤새 내린 폭설로 이듬해 눈이 녹을 때까지 암자로 돌아갈 수 없게 되었다. 눈이 녹자마자 암자로 달려간 설정은 법당에서 목탁을 치면서 관세음보살을 부르고 있는 조카를 보게 되었다. 어찌된 이유인지 까닭을 물으니 조카는 관세음보살이 때마다 찾아와 밥도 주고 재워 주고 같이 놀아 주었다고 하였다. 그때 흰 옷을 입은 젊은 여인이 관음봉에서 내려와 조카의 머리를 만지며 성불(成佛)의 기별을 주고는 새로 변하여 날아갔다.

이에 감동한 설정은 어린 동자가 관세음보살의 신력으로 살아난 것을 후세에 전하기 위하여 암자를 중건하고 오세암으로 이름을 바꾸었다고 한다.

五歲庵簡介

　　五岁庵附属于大韩佛教曹溪宗第三教区的百潭寺。它距离百潭寺十公里。公元647年(新罗，善德女王13年)慈藏在这里建禅室以后，取名观音庵，　就是与观世音菩萨无时无刻不在一起的道场的意思。公元1643年(仁祖21年)雪净重建后，改名五岁庵，并沿用至今。

　　雪净在此庵抚养哥哥的儿子，　他是孤儿。有一天，　为了准备越冬，雪净一个人要去襄阳一趟。这其间，他不得不把四岁的侄子一个人留在家里，雪净为他做好了能吃几天的饭后，告诉他吃饭以后，去法堂的观世音菩萨像前，叫"观世音菩萨、观世音菩萨‘之类的话，观世音菩萨一定会照顾你。然后雪净就离开了。但是因为夜间下了大雪，　雪净不能回来，　要等雪化了。雪化了，雪净马上跑了回来，看到侄子正在法堂敲木鱼叫观世音菩萨，　雪净问他怎么回事。他说观世音菩萨每次来都给他饭，　让他睡觉，和他一起玩儿。这时，身穿白色服装的年轻女子从观音峰下来，摸一摸侄子的头告诉他说"你成佛了"。然后就变成鸟儿飞走了。

　　雪净被这件事感动了，他为了把观世音菩萨用神力救活儿童的故事传给后人，重建此庵，改名五岁庵。

목 차

오세암 Part 1

길손 : 누나~ 일어나~
　　　해가 떴단 말이야[1]~
　　　감이 누나 일어나라니까[2]
　　　잠꾸러기[3]
　　　누나

단어

누나 － 姐姐, 해 － 太阳

1. 떴단 말이야 都出来了

「동」'뜨다'의 과거형 '떴다'에 강조를 나타내는 '－단 말이다'가 연결된 형태.

「动」'뜨다(出来)'的过去形 '떴다'＋表示强调的 '－단 말이다'。

2. 일어나라니까 我说醒醒

「동」'일어나다'의 명령형 '일어나'에 강조를 나타내는 '－라니까'가 연결된 형태.

「动」'일어나다(醒来)'的命令形 '일어나'＋表示强调的 '－라니까'。

3. 잠꾸러기 瞌睡虫

'－꾸러기'는 일부 명사 뒤에 붙어 그 버릇이 심한 사람임을 나타낸다.

'꾸러기'用于一部分名词后面, 表示常常做某一种事情的人。

예) 말썽꾸러기, 장난꾸러기, 욕심꾸러기

한걸음 더

1. 이 영화에 나오는 남매의 이름은 무엇입니까?
2. 잠을 많이 자는 사람을 뭐라고 합니까?

정답

1. 길손과 감이 2. 잠꾸러기

감이 : 아까부터[4] 깨어 있었어[5], 길손아.

길손 : 에이, 거짓말.

　　　근데[6] 왜 가만히 있었어?

감이 : 우리 길손이가 바다를 보고 얼마나 좋아하는지[7]

　　　듣고 있었던 거야[8].

단어

거짓말 － 假话, 가만히 － 静静地、不动, 바다 － 大海, 듣다 － 听

4. 아까부터 **早就**

'－부터' ①从 ② 先

5. 깨어있었어 **早就醒了**

「동」'깨다'에 상태가 지속됨을 나타내는 '－아 있다'가 연결된 형태. 이 형태에 과거를 나타내는 '－었'이 쓰였다.

「动」'깨다(醒)' + 表示某种状态的持续 '－아 있다'。'깨어있다' + 表示过去的 '－었'。

6. 근데 **但是、可是**

'그런데'의 입말

'그런데(但是)'的口语。

7. 얼마나 －는지 **多么**

강조를 나타냄. 일반적으로 '－얼마나 －(으)ㄴ 지 모르다'의 형태로 쓰인다.

表示强调。一般用于 '－얼마나 －(으)ㄴ 지 모르다(不知多么……)' 的形态。

예) 그 꽃이 얼마나 예쁜지 몰라요. / 옷값이 얼마나 비싼지 만지지도 못했어요.

한걸음 더

> 1. 감이는 왜 깨어 있으면서 가만히 있었습니까?

정답

1. 길손이가 바다를 보면서 노는 소리를 듣느라고 가만히 있었다.

길손 : 감이누나, 바다가 어떻게 생겼는지 알아?

　　　하늘처럼[9] 생긴 물인데[10] 꼭 보리밭같이 움직여~

감이 : 바람 때문이야.

길손 : 바람?

어떻게 생기다 － 长什么样子, 알다 － 知道, 懂, 明白, 하늘 － 天 물 － 水
보리밭 － 麦田, 움직이다 － 摇摆, 바람 － 风

8. 듣고 있었던거야 正在听着呢

「동」 '듣다'에 진행을 나타내는 '-고 있다'가 연결되어 '듣고 있다' 가 되었다. 이 형태에 '-던거야'가 연결되었다. 여기서 '-던'은 과거 의 어느 때까지 어떤 동작이 계속됨을 나타낸다.

「动」 '듣다(听)' + 表示正在进行的 '-고 있다'。'듣고 있다 + ' ' -던거야'。这里的 '-던'表示到过去一定的时间某种动作一直持续。

9. -처럼 好像

여기서 '-처럼'은 '-같이'와 같은 뜻으로 쓰였다.

这里的 '-처럼'和 '-같이'同义。

10. -물인데 是水, 可是

'-물이다'와 '그런데'가 연결된 형태.

'-물이다(是水)'+'그런데(可是)'。

예) 여기는 한국인데 중국 사람이 많다.

한걸음 더

1. 길손이는 바다가 어떻게 생겼다고 했습니까?
2. 감이는 바다가 움직이는 것을 무엇 때문이라고 생각 했습니까?

정답

1. 하늘처럼 생겼다고 함 2. 바람

감이 : 응. 느껴 봐[11]. 부드러워.

길손 : 진짜 누나 손길 같애!

　　　누나 바다에는 새가 많다.

　　　바다에 사는 갈매기라는[12] 새야.

　　　엄마가 말씀해 주셨어[13].

단어

부드러워 － 轻柔, 진짜 － 真的, 손길 － 手, 같다 － 一样, 새 － 鸟儿
사는(살다) － 生活、住, 갈매기 － 海鸥

11. 느껴 봐 试着感觉一下吧

「동」 '느끼다'에 '시도함'을 나타내는 '−아 보다'가 연결된 형태.

「动」 '느끼다(感觉)' + 表示试一试的 '−아 보다'。

예) 마음에 들면 입어보세요. / 보고 싶으면 한번 만나 봐.

12. 갈매기라는 叫做海鸥的

'갈매기'에 '−라는'이 쓰였다. 여기서 '−라는'은 어떤 대상을 특별히 집어서 드러냄을 나타낸다. 이때 앞말과 뒷말이 동격이어야 함.

'갈매기(海鸥)' + '−라는(叫做)'。这里的 '−라는'表示特别指出某种对象。这时, 前面的词语和后面的词语一定是等同成分。

예) 이것이 장미라는 꽃이야.

13. 말씀해 주셨어 说过的

「동」 '말하다'의 존칭어 '말씀하다'에 '−아 주다'가 연결된 형태. 이 '−아 주다'는 다른 사람을 위해 어떤 행동을 하는 것을 나타낸다.

「动」 '말하다(说、告诉)'的尊敬语 '말씀하다' + '−아 주다(给)'。这里的 '−아 주다'表示为了别人做某种行动。

예) 선생님께서 문을 열어 주셨어요.

한걸음 더

1. 길손이는 바람을 무엇에 비유했습니까?
2. 바닷가에 사는 새 이름은 무엇입니까?

길손 : -갈매기는 좋겠다[14].

감이 : 왜?

길손 : 날개가 달렸잖아[15].

그럼 바람을 타고 엄마 있는 데까지 갈 수 있을 텐데[16]. 그치[17]?

왜 - 为什么, 날개 - 翅膀, 달리다 - 结了, 有 , 그럼 - 那么
타다 - 借(风), 데 - 地方, 까지 - 到

14. 좋겠다 太好了

「형」 '좋다'에 추측을 나타내는 '-겠'이 연결된 형태.

「形」 '좋다(好)' + 表示推测的 '-겠'。

15. -달렸잖아 不是结了嘛

「동」 '달다'의 피동형 '달리다'에 '-잖아'가 연결된 형태.

∴ 한국어의 '-잖아'에는 여러 가지 뜻이 있지만, 주로 ① 말하는 이가 듣는 이에게 자신의 말이 맞지 않느냐고 상기시킬 때. ②상대방도 이미 알고 있을 것으로 추정되는 말을 할 때. ③말을 꺼내기 거북할 때, 혹은 생각이 잘 나지 않을 때 습관적으로 '있잖아요, ……', '저기, 있잖아……'의 형태로 쓰인다.

「动」 '달다(结)'的被动形 '달리다' + '-잖아'

∴ 韩国语的 '-잖아'有几个表达的语意。一, 确认自己所说的是准确的。二, 说出的内容是听话者已经知道的。三. 说话不方便时或者某种事情想不起来时, 习惯地说 '있잖아요, ……'、 '저기, 있잖아……'。

예) 빨리 오라고 말 했잖아요. / 저, 있잖아요. 돈 좀 빌려 주세요.

16. 갈 수 있을 텐데 能去

「동」 '가다'에 능력을 나타내는 '-(으)ㄹ 수 있다'가 연결된 형태. 여기에 추측을 나타내는 '-(으)ㄹ텐데'가 연결되었다.

「动」 '가다(去)' + 表示能 / 可能的 '-(으)ㄹ 수 있다'。'갈 수 있다' + 表示推测的 '-(으)ㄹ텐데'。

17. 그치 是吧

'그렇지'의 준 꼴

'그렇지(是吧) '的缩略形。

길손 : 누나, 그쪽이 아니야~

아이 참~그쪽으로[18] 가면 안 돼[19]~

이쪽이야~

바람이 시작되는 곳[20]에 엄마가 있을 거야[21].

단어

그 쪽 ─ 那边, 이 쪽 ─ 这边, 시작되다 ─ 开始, 곳 ─ 地方、场所

18. 그쪽으로 往那儿

'-(으)로'는 방향을 나타낸다.

'-(으)로(往)'表示方向。

19. 가면 안 돼 別走

「동」'가다'에 조건을 나타내는 '-(으)면'이 연결된 형태. 이 형태에 다시 동사 '되다'의 부정 '안 되다'가 연결되었다.

「动」'가다(去)' + 表示条件的 '-(으)면'. '가면' + '되다(行)'的否定 '안 되다(不行)'.

20. 시작되는 곳 开始的地方

「동」'시작되다'에 장소 명사 '곳'이 연결되었다.

「动」'시작되다(开始)' + 意味着地方的 '곳'.

21. (엄마가)있을 거야 可能会有

「동」'있다'에 추측을 나타내는 '-(으)ㄹ거야'가 연결된 형태.

「动」'있다(有)' + 表示推测的 '-(으)ㄹ거야(会)'.

예) 아마 내일은 날씨가 좋을 거야.

한걸음더

1. 길손이는 왜 갈매기는 좋겠다고 말했습니까?
2. '그치[17]'가 무슨 의미인지 쓰십시오.

---

1. 마음대로 날아다닐 수 있기 때문에 2. '그렇지'의 뜻.

길손 : 누나, 여기. 먹어.

감이 : 길손이 먹어. 누나도 먹고 있잖아[22].

길손 : 감자 많아.

　　　 내가 깐 거야.

　　　 뚱뚱한 아줌마가 많이 줬어.

　　　 아직도 따끈따끈해.

감이 : 윽~! 뭐야?

단어

감자 － 土豆, 여기 － 这个、给你、这里, 까다 － 剥, 뚱뚱하다 － 胖

22. 먹고 있잖아 不是在吃吗

　「동」 '먹다'에 진행을 나타내는 '－고 있다'가 연결된 형태. 여기에 '－잖아'가 연결되었다. 여기서 '－잖아'는 상대방이 이미 알고 있을 것으로 추정함을 나타낸다.

　「动」 '먹다(吃)' ＋ 表示正在进行的 '－고 있다'。먹고 있다 ＋ '－잖아'。这里的 '－잖아'表示估计到对方已经知道。

한걸음 더

> 1. 두 남매가 먹고 있는 감자는 누가 주었습니까?
>
> 2. 본문 '먹고 있잖아'의 '－잖아'는 어떤 의미로 쓰였습니까?

---

1. 뚱뚱한 아줌마   2. 상대방이 이미 알고 있는 것을 '확인'하는 의미로 쓰였음.

길손 : 벌레 아냐[23]. 단풍잎이야.

　　　길손 누나 손처럼 이쁘게[24] 생겼어

감이 : 빨간색이야?

길손 : 응.

감이 : 나 빨간색 좋아하는데[25]~

길손 : 우와, 단풍잎이다~

단어

벌레 － 虫子, 손 － 手, 빨간색 － 红色, 좋아하다 － 喜欢

23. 아냐 不是

‘아니야’의 준 꼴.

‘아니야(不是)’的缩略语。

24. 이쁘게 漂亮地

「형」‘예쁘다’의 부사형 ‘예쁘게’의 잘못된 형태로 입말에서 쓰인다.

「形」‘예쁘다(漂亮)’的副词 ‘예쁘게(漂亮地)’的非正式形态。用于口语。

25. 좋아하는데 很喜欢, 可是……

「동」‘좋아하다’에 ‘-(으)ㄴ데’가 연결된 형태. 여기서 ‘(으)ㄴ 데’는 어떤 상황에 대해 이의가 있다는 듯이 혼잣말처럼 중얼거림을 나타낸다. 일반적으로 뒤에 생략된 말이 있다.

「动」‘[좋아하다(喜欢)’ + ‘-(으)ㄴ데’。这里的 ‘(으)ㄴ 데’表示好象对某种情况有意见似的嘴里咕咕哝哝自言自语。一般它后面有被省略的词语。

  예) 내가 하기에는 너무 힘든데……(내가 어떻게 하겠어요.)

  내가 보기에는 예쁜데……(왜 안 사요?)

한걸음 더

1. 길손이는 단풍잎을 무엇에 비유했습니까?

2. 단풍잎은 무슨 색입니까?

스님1 : 어!

스님2 : 아니, 이사람 괜찮나?

스님1 : 아 하하! 미끄러졌네[26]~

스님2 : 에헤 이사람. 조심하지 않고[27] 한눈 팔기는[28]..

단어

괜찮다 ─ 没事

26. 미끄러졌네 滑了一跤

「동」'미끄러지다'에 '-네'가 연결된 형태. 여기서 '-네'는 말하는 이가 스스로의 생각을 반말로 서술함을 나타낸다.

「动」'미끄러지다(滑)' + '-네'。这里的 '-네'表示说话者自己的想法用非敬语来表达。

예) 이거 큰일났네. / 배고파 죽겠네.

27. 조심하지 않고 不小心

「동」'조심하다'에 부정을 나타내는 '-지 않다'가 연결된 형태.

「动」'조심하다(小心)' + 表示否定的 '-지 않다'。

28. 한 눈 팔기는 没长眼睛

여기서 '한 눈 팔다'는 "마땅히 볼 데를 안보고 딴 데를 보다"의 뜻이다. '-기는'은 상대방의 행동에 대하여 가볍게 핀잔하면서 염려함을 나타낸다. 주로 혼자 말로 쓰이는 입말에 사용됨. ∴ '-긴'의 형태로도 쓰인다.

这里的 '한 눈 팔다'意味着不看应该看的地方, 而看别的地方。'-기는'表示对对方的行动较轻地责备, 带有担心的意味。主要用于自言自语的口语。∴有时用于 '-긴'的形态。

한걸음 더

1. 스님은 왜 미끄러졌습니까?
2. '한눈 팔다'의 의미를 쓰십시오.

1. 조심하지 않아서 2. '볼 곳을 보지 않고, 다른 곳을 본다'는 뜻

스님1 : 어어 쉿~

　　　　허허, 보게나[29], 꼭 우릴[30] 닮지 않았나[31]?

스님2 : 으응?

스님1 : 똑같지?

꼭 － 一定、必定、必须 닮다 － 像

29. 보게나 **看吧**

「동」 '보다'에 '-게나'가 연결된 형태. 여기서 '-게나'는 완곡하게 명령하거나 권유함을 나타낸다.

「动」 '보다(看)' + '-게나'。这里的 '-게나'表示委婉地命令或者劝说。

30. 우릴 **我们**

'우리를'의 준 꼴.

'우리를'的缩略语。

31. 닮지 않았나 **不像我们吗?**

「동」 '닮다'에 부정의문문 '-지 않았나'가 연결되어 강한 긍정을 나타낸다.

「动」 '닮다(像)' + 反问句 '-지 않았나(不是……吗)?', 表示强烈的 肯定。

예) 오늘 학교에 가지 않았나?

먹지 않았나?

스님2 : 원, 사람도 싱겁긴[32].

　　　왜 아까 받은 시루떡이라도[33] 한 조각 던져주지 그러나[34]?

스님1 : 아~ 그렇지~!

단어

아까 － 刚才, 받다 － 收, 시루떡 － 年糕, 한 조각 － 一块, 그렇지 － 对了

32. 싱겁긴 无聊

「형」 '싱겁다'. '싱겁기는'의 의미.

「形」 '싱겁다(无聊、淡)'. '싱겁기는'的意思。

∴ 28번의 '-기는' 참고.

∴ 参考注释28的 '-기는'。

예) 천천히 먹어, 성격도 급하기는. / 어리석긴.

33. 시루떡이라도 年糕也

「명」 '시루떡'에 '-이라도'가 연결된 형태. 여기서 '-이라도'는 최소한의 선택을 나타낸다.

「名」 '시루떡(年糕)' + '-이라도'. 这里的 '-이라도'表示至少的选择。

예) 밥이 없으면 라면이라도 먹어.

34. 던져주지 그러나 投给……好

「동」 '던지다'에 '-아 주다'가 연결되어 '던져주다'가 되었다. 이 '던져주다'에 '-지 그러나'가 연결된 형태. '-지 그러나'는 말하는 이가 듣는 이에게 자신의 의견을 완곡하게 제시함을 나타낸다.

「动」 '던지다(投)' + '-아 주다(给)'. '던져주다' + '-지 그러나'. 这里的 '-지 그러나'表示委婉地提出自己的意见。

예) 피곤해 보이는데 좀 쉬지 그러나.

배가 고프면 좀 먹지 그러나.

한걸음 더

1. 스님은 시루떡을 누구에게 던져주라고 했습니까?

정답

1. 다람쥐

길손 : 누나~ 시냇물이야.

　　　　돌다리를 건너야 되는데[35] 많이 넓어. 어떡하지?

감이 : 물이 깊어?

길손 : 응.

시냇물 － 溪流、溪水,　돌다리(징검다리) － 大石块、大石板

넓다 － 宽,　깊다 － 深,　어떡하지 － 怎么办

35. 건너야 되는데 得过……, 可是

　「동」'건너다'에 마땅히 그렇게 해야 함을 나타내는 '－아 되다'가 연결된 형태.

　「动」'건너다(过)' + 表示该做的 '－아 되다'。

한걸음 더

　　1. 시내에는 어떤 다리가 놓여있습니까?

　　2. 시냇물은 어떻습니까?

정답

1. 돌다리 2. 깊고, 차갑다.

감이 : 시냇물이 얕으면[36] 신발 벗고 건너면 되는데.

길손 : 응. 물은 얕아. 차갑겠다[37].

감이 : 아앗!

길손 : 차갑지?

감이 : 응, 조금.

길손 : 내가 크면[38] 업어줄 텐데[39].

감이 : 그래~ 우리 길손이 빨리 컸으면 좋겠다[40].

단어

신발 － 鞋, 벗다 － 脱, 건너다 － 过, 조금 － 一点, 빨리 － 快

36. 얕으면 如果浅的话

「형」 '얕다'에 가정을 나타내는 '-(으)면'이 연결될 형태.

「形」 '얕다(浅)' + 表示假设的 '-(으)면'。

37. 차갑겠다 可能很凉

「형」 '차갑다'에 추측을 나타내는 '-겠'이 연결된 형태.

「形」 '차갑다(凉)' + 表示推测的 '-겠다'。

38. 크면 如果长大了

「형」 '크다'에 가정을 나타내는 '-(으)면'이 연결된 형태.

「形」 '크다(长大)' + 表示假设的 '-(으)면'。

39. 업어줄 텐데 就会背

「동」 '업다'에 '-아 주다'가 연결되어 '업어 주다'가 되었다. 이 '업어 주다'에 추측을 나타내는 '-(으)ㄹ 텐데'가 연결된 형태.

「动」 '업다(背)' + '-아 주다'. '업어주다' + 表示推测的 '-(으)ㄹ 텐데'。

한걸음 더

1. 두 남매는 시냇물을 어떻게 건너갑니까?

2. 길손이는 왜 장님인 감이를 업고 건너지 못합니까?

정답

1. 길손은 돌다리로 건너고, 감이는 신발을 벗고 걸어서 건넌다.   2. 너무 어려서

감이 : 너무 깊어, 길손아. 무서워.

길손 : 조금만 더 가면 되는데[41].

길손 : 둘, 셋, 다섯 개만 더 가면.

　　　 어, 강아지다!

　　　 누나, 잠깐만 기다려.

감이 : 길손아, 길손아, 어디 가~ 길손아~길손아~

　　　 누나 무섭단 말야[42].

단어

너무 － 太, 더 － 再、还, 만 － 只要、只, 강아지 － 小狗,

잠깐 － 且、会儿、会子, 기다리다 － 等, 어디 － 什么地方

40. 컸으면 좋겠다 长大就好了

「동」 '크다'의 완료형 '컸다'에 희망이나 바람을 나타내는 '−(으)면 좋겠다'가 연결된 형태.

「动」 '크다(长大)'的完成时态 '컸다' + 表示希望或者愿望的 '−(으)면 좋겠다'。

예) 따뜻한 봄이 왔으면 좋겠다.

41. 가면 되는데 去就行了

「동」 '가다'에 '−(으)면 되다'가 연결된 형태. 이 '−(으)면 되다'는 다른 것은 뒤로 미루고 그것만 충족되기를 바라는 것을 나타낸다.

「动」 '가다(去、走)' + '−(으)면 되다'。这里的 '−(으)면 되다'表示别的都可以先推迟以下, 希望先满足它。

42. 무섭단 말이야 好怕、都说害怕了

「형」 '무섭다'에 강조를 나타내는 '−단 말이다'가 연결된 형태.

「形」 '무섭다(怕)' + 表示强调的 '−단 말이다'。

길손 : 아, 진짜라니까[43]~!

　　　내가 잡아줄게[44]~

　　　하얀 강아지야.

　　　누나도 강아지 좋아하지?

　　　(누나, 미끄러져 쓰러짐)

길손 : 내려와~ 내려오라구~ 내려오라니까~

　　　떨어지면 내가 받아줄게[45].

　　　이얍! 잡았다.

　　　으, 미안.

단어

진짜 － 真的,　하얀 － 白色的,　쓰러지다 － 倒下,　내려오다 － 下来, 떨어지다 － 掉下,　잡다 － 抓

43. 진짜라니까 是真的

「명」 '진짜'에 강조를 나타내는 '-라니까'가 연결된 형태.

「名」 '진짜(真的)' + 表示强调的 '-라니까'。

44. 잡아 줄게 我抓来给你

「동」 '잡다'에 '-아 주다'가 연결되어 '잡아 주다'가 되었다. 이 '잡아주다'에 '-(으)ㄹ 게'가 연결된 형태. 이 '-(으)ㄹ 게'는 상대방에게 그렇게 할 것을 약속함을 나타낸다. ∴ 주어가 1인칭일 경우에만 쓰인다.

「动」 '잡다(抓)' + '-아 주다'. '잡아주다' + '-(으)ㄹ 게。这里的'-(으)ㄹ 게'表示和别人约定要做某种事情。∴用于主语为第一人称的场合。

예) 오늘은 내가 한턱낼게.

45. 받아 줄게 有我接着

「동」 '받다'. 44번 '잡아 줄게' 참고.

「动」 '받다(接)'。参考注释44的 '잡아줄게'

한걸음 더

1. 시냇물을 건너다가 길손이는 무엇을 발견했습니까?

2. 강아지는 어떤 색입니까?

1. 강아지 2. 하얀색

야옹~야옹~ （고양이）

길손 : 가! 너 나뻐. 이얍~~

왈 왈 （개 짖는 소리）

길손 : 고양이 못됐어. 누나~

감이 : 너 정말 너무해. 너, 너무했어.

난 무서웠다구.

길손 : 미안해, 누나.

다신 안 그럴게. 쪼금만 기다리지.

감이 : 물도 깊었단 말이야[46]. 난 보이지도 않는데[47] 혼자

가면 어떡해.

고양이 － 小猫, 야옹야옹 － 喵喵, 짖다 － 叫, 소리 － 声音, 못 되다 － 坏,
너무해 － 太, 쪼금만 － 一点, 혼자 － 单、单独、独自、自个儿

46. 깊었단 말이야 (水)那么深

「형」'깊다'의 과거형 '깊었다'에 강조를 나타내는 '−단 말이다'가 연결된 형태.

「形」'깊다(深)'的过去形 '깊었다' + 表示强调的 '−단 말이다'。

47. 보이지도 않다 看不见

「동」'보다'의 피동형 '보이다'에 부정형 '−지 않다'가 연결되어 '보이지 않다'가 되었다. 이 형태에 더함을 나타내는 '−도'가 쓰여 강조를 나타낸다.

「动」'보다(看)'的被动形 '보이다' + 否定形 '−지 않다'。'보이지 않다' + 表示强调 '−도'。

한걸음 더

1. 시냇물을 건널 때 감이는 왜 무서워했습니까?
2. 두 남매와 강아지는 어떻게 만났습니까?

정답

1. 같이 물을 건너던 길손이가 갑자기 없어졌고, 물도 깊었기 때문
2. 시냇물을 건너다가 우연히 발견함

감이 : 이제 누나 혼자 있게[48] 하지 마[49].

　　　어? 길손아! 길손아! 또 어디 간 거야?

길손 : 으아아~~

　　　(개 짖는 소리)

감이 : 왜 그래, 어디야? 아악, 뭐하는 거야? 대답해, 길손
　　　아!

스님2 : 어어? 이 무슨 소리지? 개 짖는 소리 같기도 하고[50]
　　　말이야.

단어

이제 － 今后、現在,　대답하다 － 答

48. 혼자 있게 让一个人在

‘혼자 있다’에 사동을 나타내는 ‘-게’가 연결된 형태.

‘혼자 있다(一个人在)’ + 表示使动的 ‘-게’。

49. 하지 마 别做

「동」‘하다’에 금지를 나타내는 ‘-지 말다’가 연결된 형태.

「动」‘하다(做)’ + 表示禁止的 ‘-지 말다’。

50. 같기도 하고 好像和……一样

「형」‘같다’에 추측을 나타내는 ‘-기도 하다’가 연결된 형태.

「形」‘같다(和……一样)’ + 表示推测的 ‘-기도 하다’。

한걸음 더

1. 감이는 길손이에게 왜 혼자있게 하지 말라고 했습니까?
2. ‘~같기도 하다’를 넣어 문장을 만드십시오.

정답

1. 무서우니까 2. ___________________________________

스님1 : 아이 목소리야.

감이 : 누구 없어요? 도와 주세요!

　　　　도와 주세요~

스님1 : 어어?

스님2 : 왜 그러는가?

감이 : 누구세요?

　　　　(개 짖는 소리)

스님2 : 아이 놀래라.

길손 : 아저씨, 나 좀 제발 살려 주세요[51]. 떨어지겠네[52].

누구 － 有人、谁, 놀라다 － 吓、吃惊, 제발 － 切莫、千万

51. 살려 주세요 救救我, 救命

「동」 '살다'의 사동형 '살리다'에 '― 아 주다'가 연결된 형태.

「动」 '살다(活)'的使动形 '살리다' + '― 아 주다'。

52. 떨어지겠네 快掉下去了

「동」 '떨어지다'에 추측을 나타내는 '겠'이 쓰였다. 이 형태에 '―네'가 연결되었다. 여기서 '―네'는 말하는 이가 자신의 생각을 반말로 서술함을 나타낸다.

「动」 '떨어지다(掉下)' + 表示推测的 '겠' + '―네'。这里的 '―네'表示说话者把自己的想法用非敬语来表达。

예) 추워 죽겠네. / 배고파 미치겠네.

한걸음더

1. 길손이는 왜 나무위로 올라갔습니까?
2. 길손이가 제발 살려달라고 한 까닭은 무엇입니까?

정답

1. 떡보따리를 내리려고.　2. 나무에서 떨어질까봐

오세암 Part 2

스님2 : 허허, 희한한 나무일세[53]. 별게[54] 다 열렸어[55].

　　　　어? 저 떡 보따리가 어떻게 저기 걸렸어[56]?

길손 : 떡이요? 에이..

희한하다 － 少见, 떡보따리 － 干粮袋

53. 나무일세 是树啊

‘나무이다’에 ‘-ㄹ 세’가 연결된 형태. ‘-ㄹ 세’는 말하는 이의 생각을 상대방에게 알림을 나타낸다. ∴ 주로 입말에 사용됨.

‘나무이다(是树)’ + ‘-ㄹ 세’。这里的 ‘-ㄹ 세’表示说话者把自己的想法告诉对方。

∴主要用于口语。

예) 이게 전부일세. / 이미 엎지른 물일세.

54. 별게 奇怪的

‘별 것이’의 준 꼴. 보통과 다른 것.

‘별 것이(奇怪的东西)’的缩略语。与一般的东西不一样的。

55. 열렸어 结了

「동」 ‘열다’의 피동형 ‘열리다’에 과거형 ‘-았어요’가 연결된 형태.

「动」 ‘열다(结)’的被动形 ‘열리다’ + 过去形 ‘-았어요’。

56. 걸렸어 挂着

「동」 ‘걸다’의 피동형 ‘걸리다’에 과거형 ‘-았어요’가 연결된 형태.

「动」 ‘걸다(挂)’的被动形 ‘걸리다’ + 过去形 ‘-았어요’。

한걸음 더

1. 스님은 왜 희한한 나무라고 했습니까?

2. 나무에 열린 것은 무엇입니까?

---

1. 길손이가 달려있었기 때문 2. 길손

스님1 : 자~

감이 : 따뜻해요. 고맙습니다.

스님1 : 늦었으니[57] 그만 자거라[58].

감이 : 정말 고맙습니다, 스님.

따뜻하다 — 暖和, 늦다 — 晚

57. 늦었으니 因为时间不早了

「형」 '늦다'의 과거형 '늦었다'에 원인이나 근거를 나타내는 '-(으)니'가 연결된 형태. 여기서는 '-(으)니까'로 바꿔 쓸 수 있다.

「形」 '늦다(晚、不早)'的过去形 '늦었다' + 表示原因或者根据的 '-(으)니'。在这里与 '-니까'能互换。

58. 자거라 睡吧

「동」 '자다'에 명령을 나타내는 '-거라'가 연결된 형태.

「动」 '자다(睡)' + 表示命令的 '-거라'。

한걸음 더

1. '늦었으니'를 넣어 문장을 만드십시오.

정답

1. _______________________________________

스님1 : 모든 것이 다 부처님 뜻이란다[59].

　　　그럼 편히 자거라

　　　어이구, 이 녀석. 너두[60] 자야지?

　　　너는 아궁이로 가야겠다.

　　　(개 짖는 소리)

스님1 : 어? 허허. 요 녀석 보게. 허허.

감이 : 스님, 그 강아진 길손이 곁에서 떨어지고 싶지 않은

　　　가[61] 봐요[62].

단 어

부처님 － 佛主, 편히 － 好好、安安穩穩地, 녀석 － 小家伙, 아궁이 － 灶坑

59. 뜻이란다 是……的意思

‘뜻이다’에 ‘－란다’가 연결된 형태. 여기서 ‘－란다’는 다른 사람의 말을 옮겨 말함을 나타낸다.

‘뜻이다(是……意思)’ + ‘－란다’. 这里的 ‘－란다’表示转达别人的话。

예) 건강이 재산이란다. / 공부가 제일이 아니란다.

60. 너두 你也(是)

‘너도’의 입말.

‘너도(你也是)’的口语。

61. 떨어지고 싶지 않다 不想离开

「동」‘떨어지다’에 희망을 나타내는 ‘－고 싶다’가 연결되어 ‘떨어지고 싶다’가 되었다. 이 형태에 부정형 ‘－지 않다’가 연결되어 ‘떨어지고 싶지 않다’가 되었다.

「动」‘떨어지다(离开)’ + 表示希望的 ‘－고 싶다’. ‘떨어지고 싶다(想离开)’ + 否定形 ‘－지 않다’.

한걸음 더

1. 스님은 왜 강아지를 아궁이로 보냈습니까?

2. 강아지는 어디에서 자고 싶어 합니까?

---

1. 짐승은 사람과 함께 잘 수 없다고 생각했기 때문 2. 길손이 옆

스님1 : 어, 그런 거냐, 너?

　　　　하하 녀석. 여긴 많이 추울 텐데[63].

　　　　춥구나[64]. 어서 그만 자거라. 음?

감이 : 예.

여기 ─ 这里, 춥다 ─ 冷, 어서 ─ 快

62. 않은가 봐요 好像不是

「형」 '않다'에 추측과 짐작을 나타내는 '-는/(으)ㄴ 가 보다' 가 연결된 형태.

「形」 '않다(不是)' + 表示推测和猜想的 '-는/(으)ㄴ 가 보다'。

예) 지금 밖에 비가 오는가 봐요. / 그 친구가 사과를 좋아하는 가 봐요.

63. 추울 텐데 会冷

「형」 '춥다'에 추측을 나타내는 '-ㄹ 텐데'가 연결된 형태.

「形」 '춥다(冷)' + 表示推测的 '-ㄹ 텐데'。

64. 춥구나 冷啊!

「형」 '춥다'에 감탄형 '-구나'가 연결된 형태.

「形」 '춥다(冷)' + 感叹语气 '-구나'。

한걸음 더

1. '어서'를 넣어 문장을 만드십시오.

정답

1. ____

(염불 외는[65] 소리)

길손 : 어? 다 똑같네.

아저씨~아저씨~

아저씨~~

아저씨~~

어어?

아저씨?

히히, 아저씨!

아저씨랑 다 똑같아서[66] 한참 찾았네.

스님1 : 길손이 너.

단어

염불 외우다 ─ 诵经, 똑같다 ─ 完全一样, 한참 ─ 半天、很长时间,
찾다 ─ 找

65. 외는 背诵

「동」 '외우다'. '외우는'의 준꼴.

「动」 '외우다(背、诵)'。 '외우다'的缩略语。

66. 똑같아서 因为完全一样

'똑같다'에 '원인'이나 '이유'를 나타내는 '– 아서'가 연결된 형태.

'똑같다(完全一样)' + 表示原因或者理由的 '– 아서'。

한걸음 더

1. 길손이가 스님들을 보고 다 '똑같다'라고 말한 까닭은 무엇입니까?

2. 길손이가 부르는 '아저씨'는 누구입니까?

정답

1. 머리 모양과 옷차림이 같기 때문 2. 스님

스님2 : 여기가 어디라고[67] 감히.

길손 : 어젯밤엔 아저씨 덕분에 아주 잘 잤어.

난 여기가 아주 맘에 들어[68].

새들이 노래도 참 잘하고 마루 밑 개미집도 있어.

아~ 걱정 마. 죽이지는 않았어[69]. 데리고만[70] 놀 거
야.

단어

감히 — 敢, 어젯밤 — 昨天晚上, 덕분 — 托……的福, 새 — 鸟儿

마루 — 房廊, 밑 — 下、下面, 개미집 — 蚂蚁窝, 걱정 — 担心

죽이다 — 杀死

67. 어디라고 是什么地方啊!

‘어디인데’의 뜻. 여기서 ‘−라고’는 ‘−ㄴ 데’의 의미로 쓰였다.

‘어디인데(是什么地方)’的意思。这里的 ‘−라고’是 ‘−ㄴ 데’的意思。

예) 어디라고 함부로 말하느냐?

68. 맘에 들다 满意

‘흡족하다’, ‘만족하다’의 뜻.

‘흡족하다(十分满足)’、‘만족하다(满足)’的意思。

69. 죽이지는 않았다 没有杀死……

「동」‘죽다’의 사동형 ‘죽이다’에 ‘−지 않다’가 연결된 형태. 여기서 ‘−는’은 강조를 나타낸다.

「动」‘죽다(死)’的使动形 ‘죽이다(杀死)’ + ‘−지 않다’。这里的 ‘−는’表示强调。

70. 데리고만 只拿着(它)

「동」‘데리다’에 강조를 나타내는 ‘−만’이 쓰인 형태.

「动」‘데리다(拿)’ + 表示强调的 ‘−만’。

한걸음 더

1. 길손이가 이 절을 마음에 들어 하는 까닭은 무엇입니까?

정답

1. 놀기가 좋아서

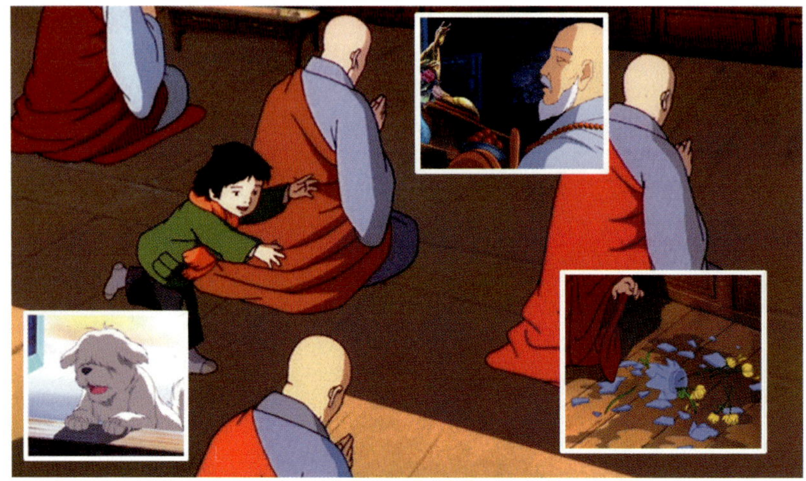

길손 : 아참, 아저씨, 배 고프지?

　　　아, 다행이다. 아직 따끈따끈해. 먹어.

　　　감이누나가 부엌에서 얻어 준 누룽지야.

스님1 : 길손아.

길손 : 아냐, 아냐. 괜찮아.

　　　난 벌써 먹었는 걸.

스님2 : 이 녀석이 정말!

길손 : 아저씨 건 없어. 살 좀 빼야 돼[71]. 뚱뚱해.

스님2 : 이 버르장머리 없는 녀석!

단 어

부엌 ― 厨房, 다행이다 ― 太好、幸득, 따끈따끈하다 ― 热乎乎,
얻다 ― 得到, 벌써 ― 已经, 누룽지 ― 锅巴, 뚱뚱하다 ― 胖
녀석 ― 小家伙, 버르장머리 ― 礼貌、规矩

71. 살 좀 빼야 돼 得減肥

‘살(을) 빼다’에 마땅히 그래야함을 나타내는 ‘－아야 되다’가 연결된 형태.

‘살을 빼다(減肥)’ ＋ 表示该做的 ‘－아야 되다’。

한걸음 더

1. 길손이이는 누룽지를 어디에서 얻어왔습니까?
2. 스님이 길손이에게 버릇이 없다고 말한 이유가 무엇입니까?

1. 부엌 2. 조심하지 않고 말을 하기 때문

길손 : 바람아, 그럼 못 쓰느니라[72]

스님2 : 아아~~

(염불 외는 소리)

길손 : 으히히히. 하하하

메롱~

스님2 : 어어~

(화분 깨지는[73] 소리)

길손 : 아저씨 때문이야. 아저씨가 닦아.

(염불 외는 소리, 목탁 두드리는 소리)

단어

화분 － 花盆, 깨지다 － 被打碎, 목탁 － 木鱼, 두드리다 － 敲

72. 못 쓰느니라 不要……嘛

여기서 '못쓰다'는 '안 된다'의 뜻이다. '못쓰다'에 '-느니라'가 연결된 형태. 이 '-느니라'는 주로 어른들이 아랫사람에게 으레 있는 사실을 타이르듯이 일러 줄 때 쓰는 입말이다.

这里的 '못쓰다'是 '안 된다(不行)'的意思。'못쓰다(不行)' + '-느니라'。这里的 '-느니라'多用于年长者或上级对年少者或下级劝说应当的事实的口语。

73. 깨지는 打碎的

「동」 '깨다'에 '-아 지다'가 연결된 형태. 여기서 '-아 지다'는 피동의 의미로 쓰였다.

「动」 '깨다(打碎)' + '-아 지다'。这里的 '-아 지다'用于被动的意思。

한걸음 더

1. 이 글에서 '바람이'는 무엇을 가리키는 말입니까?
2. 본문에 나오는 '메롱'의 뜻을 쓰십시오.

정답

1. 강아지 이름 2. 상대편을 놀릴 때 내는 소리

길손 : 뷰우우우웅~~에에에이이~~

스님1 : 어, 길손아~

길손 : 네?

스님1 : 음~흠~

길손 : 부우우우우우, 왜?

스님1 : 넌 발부터 닦아야 되겠다[74].

길손 : 이히히 미안. 내가 깨끗하게 닦아줄게[75]. 걱정 마.

단어

닦다 － 擦, 두드리다 － 敲, 발 － 脚, 깨끗하다 － 干净, 걱정 － 担心

74. 닦아야 되겠다 得擦干净

「동」 '닦다'에 마땅히 그래야함을 나타내는 '－아야 되다'가 연결된 형태. 이 형태에 말하는 이의 의지를 나타내는 '겠'이 쓰였다.

「动」 '닦다(擦)' ＋ 表示该做的 '－아야 되다得'. '닦아야 되다' ＋ 表示说话者的意志的 '겠'.

75. 닦아줄게 帮你擦

「동」 '닦다'에 '－아 주다'가 연결되어 '닦아주다'가 되었다. 이 형태에 '－(으)ㄹ 게'가 연결되었다. 이 '－(으)ㄹ 게'는 상대방에게 그렇게 할 것을 약속함을 나타낸다. ∴주어가 1인칭일 경우에만 쓰인다.

「动」 '닦다(擦)' ＋ '－아 주다'. '닦아주다' ＋ '－(으)ㄹ 게'. 这里的 '－(으)ㄹ 게'表示与对方约定那样做。∴用于主语为第一人称的场合。

한걸음 더

1. 스님이 길손이에게 발부터 닦으라고 한 이유를 쓰십시오

정답

1. 길손이의 발이 너무 더러워서 씻지 않으면 청소해도 소용이 없기 때문

스님1 : 아앗, 앗!

길손 : 차거워. 차거워. 으이~

스님1 : 으이~~

스님1 : 그럼 약속한 거다.

길손 : 으으.

스님1 : '네' 해야지[76]~!

길손 : 네, 아저씨.

스님1 : 어허, 아저씨가 아니고 스님!

길손 : 어? 아저씨 이름이 스님이야?

스님1 : 으응?

길손 : 재미난 이름이네[77]. 스.님. 아저씨.

단어

약속하다 — 约定, 재미나다 — 有意思, 有趣儿

76. 네, 해야지 是, 你应该这样说

「동」'하다'에 '–아야지'가 연결된 형태. '–아야지'는 상대방에게 그렇게 하도록 권유하거나 명령함을 나타낸다. ∴여기서 '하다'는 '말하다'의 뜻이다.

「动」'하다(说话)' + '–아야지'。这里的 '–아야지'表示命令或者劝说。∴ 这里的 '하다'是 '说话'的意思。

77. 이름이네 (是)……名字

'이름이다' 에 감탄을 나타내는 '–네' 가 쓰인 형태.

'이름이다(是……名字)' + 表示感叹的 '–네'。

한걸음 더

1. 스님이 길손이에게 '네'하고 대답하라고 한 이유를 쓰십시오.

2. 길손이가 스님의 이름이 재미있는 이름이라고 한 이유는 무엇입니까?

정답

1. 길손이가 항상 반말로 대답을 했기 때문
2. '스님'이 이름이라고 잘못 생각했기 때문

스님1 : 아이 참 그게 아니고 길손아.

길손 : 으응?

스님1 : 에휴, 됐다. 그만 나가 보거라[78].

저 녀석 목 쉬겠다[79].

길손 : 응! 바람아.

스님1 : 길손아~

길손 : 아참, 쉿! 조용~조용~조용~조용.

바람아, 가자~

스님1 : 바람이?

길손 : 와으! 크윽.

스님1 : 에휴~

단 어

목쉬다 ― 喉咙哑

78. 나가보거라 出去吧

‘나가보다’에 명령을 나타내는 ‘—거라’가 연결된 형태.

‘나가보다(出去)’ + 表示命令的 ‘—거라’。

79. 목 쉬겠다 嗓子快叫哑了

「동」 ‘쉬다’에 추측을 나타내는 ‘—겠’이 쓰인 형태.

「动」 ‘쉬다(哑)’ + 表示推測的 ‘—겠’。

한걸음 더

1. 스님이 말한 "저 녀석 목 쉬겠다"에서 ‘저녀석’은 누구를 가리킵니까?

1. 강아지(바람이)

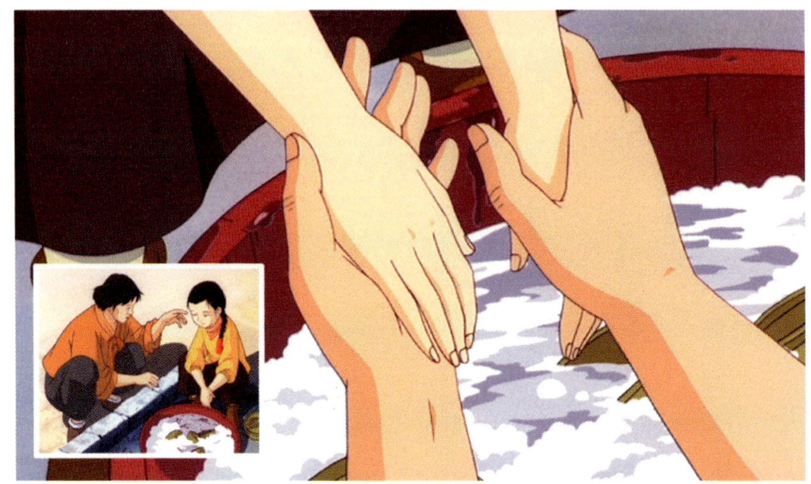

아주머니 : 감이야, 내가 하마[80]. 그만 쉬거라[81].

감이 : 아니에요. 괜찮아요.

아주머니 : 아니긴. 벌써 초겨울 날씬데.

첫눈도 벌써 다녀갔는 걸.

아이구, 손이 빨갛게 얼었네.

얼었어[82]. 응?

어여 들어가. 착하기도 하지[83].

초겨울 － 初冬, 첫눈 － 第一场雪, 다녀가다 － 来过、下过, 빨갛다 － 红
얼다 － 冻, 착하다 － 乖

80. 하마 做

「동」 '하다'. '할 게'의 의미.

「动」 '하다'。'할 게(要做)'的意思。

81. 쉬 거라 休息吧

「동」 '쉬다'에 명령을 나타내는 '－거라'가 연결된 형태.

「动」 '쉬다(休息)' + 表示命令的 '－거라'。

82. 얼었네, 얼었어 冻了呀!

'얼었다'를 '－네, －어'의 형태로 반복함으로써 강조를 나타냄.

'얼었다(冻了)'重夏 '－네, －어'的形态, 表示强调。

  예) 다 먹었네, 다 먹었어. / 또 왔네, 또 왔어.

83. 착하기도 하지 多么乖啊

「형」 '착하다'에 강조를 나타내는 '－기도 하다'가 연결된 형태.

「形」 '착하다(乖)' + 表示强调的 '－기도 하다'。

한걸음 더

1. 이 글의 배경이 되는 계절은 언제입니까?
2. 감이의 손이 왜 빨갛게 되었습니까?

정답

1. 초겨울 2. 추운 날씨에 밖에서 일을 했기 때문

스님2 : 아이구, 추워. 으응? 에에에취!

길손 : 가만히 있어 봐. 따뜻하게 해 줄게[84].

으으? 기다려. 발 좀 들어 보라니까[85].

그래. 조금만 이렇게. 흐흐. 눈이 와도 따듯할 거야[86].

그치?

스님2 : 으으으~

길손 : 안 돼. 어디 가?

바지도 마저 입고 가야지[87].

노루야, 기다려~

춥다 － 冷, 가만히 － 呆呆地, 기다리다 － 等 들다 － 抬, 마저 － 都、也,
노루 － 小鹿

84. 따뜻하게 해 줄게 让你暖和点儿

「형」 '따뜻하다'에 사동을 나타내는 '-게 하다'가 연결되어 '따뜻하게 하다'가 되었다. 이 형태에 다시 '-아 주다'가 연결 되었다.

「形」 '따뜻하다(暖和)' + 表示使动的 '-게 하다'. '따뜻하게 하다' + '-아 주다'.

85. 들어 보라니까 抬起来呀!

「동」 '들다'에 시도를 나타내는 '-아 보다'가 연결된 형태. 이 형태에 강조를 나타내는 '-라니까'가 연결되었다.

「动」 '들다(抬)' + 表示试图的 '-아 보다'. 들어 보다 + 表示强调的 '-라니까'.

86. 따뜻할 거야 会暖和的

「형」 '따뜻하다'에 추측을 나타내는 '-ㄹ 거야'가 연결된 형태.

「形」 '따뜻하다(暖和)' + 表示推测的 '-ㄹ 거야'.

87. 가야지 得走

「동」 '가다'에 권유나 명령을 나타내는 '-아야지'가 연결된 형태.

「动」 '가다(走)' + 表示命令或劝说的 '-아야지'.

길손 : 야, 새들아. 어디 가니? 집에 가는 거지?

나 다 알아.

나는 여기가 집이다.

스님2 : 야, 이놈아! 얼른 내려와. 얼른!

길손 : 바람아, 조용히 해.

야호~

큰스님 : 그녀석 목청 한번 좋구나[88].

길손 : 누나 하늘이 많이 이쁘다.

새들이 노래하는 거, 누나도 들리지?

큰스님 : 길손이 너도 창 한번 해 보거라.

단어

얼른 － 快点儿, 내려오다 － 下来, 조용히 － 安静地, 목청 － 嗓音

이쁘다 － 漂亮, 창 － 唱歌、歌

88. 좋구나 真好啊!

「형」 '좋다'에 감탄형 '-구나'가 연결된 형태.

「形」 '좋다(好)' + 感叹语气 '-구나'.

한걸음 더

1. 큰스님이 말한 그녀석은 누구를 가리킵니까?

2. '창'은 무슨 뜻입니까?

정답

1. 길손 2. 노래

길손 : 창?

큰스님 : 그래, 노래 말이다

　　　　저 먼산[89]이 대답할 수[90] 있도록[91], 크게 한번 해

　　　　보거라[92].

길손 : 노래는 감이 누나도 잘하는데..

(노래) : ♪~엄마 엄마 엄마가 섬그늘에 굴따러 가면[93]

　　　　아가는 혼자 남아~♬

먼산 － 远山, 섬그늘 － 海岛的影子, 굴을 따다 － 挖海蛎子

혼자 － 一个人, 아가 － 孩子、婴儿

89. 먼 산 远山

'멀리 있는 산'의 뜻.

'멀리 있는 산(在远处的山)'的意思。

90. 대답할 수 있다 能回答, 能回应

「동」 '대답하다'에 능력을 나타내는 '-(으)ㄹ 수 있다'가 연결된 형태.

「动」 '대답하다(回答)' + 表示能 / 可能的 '-(으)ㄹ 수 있다'。

91. -도록

여기에서 '-도록'은 정도를 나타낸다.

这里的 '-도록'表示程度。

92. 한번 해 보다 试一试

'한번 시도해 보다'의 의미.

'한번 시도해 보다(试一试)'的意思。

93. (굴) 따러 가면 去挖海蛎子的话

「동」 '(굴을) 따다'에 행동의 목적을 나타내는 '-(으)러 가다'가 연결되어 '따러 가다'가 되었다. 이 형태에 가정을 나타내는 '-(으)면'이 연결되었다.

「动」 '(굴을) 따다(挖海蛎子)' + 表示行动的目的 '-(으)러 가다'。 '따러 가다' + 表示假定的 '-(으)면'。

(노래) : ♪ ~아기는 혼자 남아 집을 보다가[94]

　　　　　바다가 들려주는 자장 노래에

　　　　　팔 베고 스르르르 잠이 듭니다.

　　　　　잠이 듭니다.~♬

길손 : 그래도 잠이 안 와.

　　　　다른 노래 불러 줘, 누나.

　　　　에이~

감이 : 가만히 있어야 잠이 오지.

길손 : 누나도 같이 자자.

감이 : 으응. 그래. 이것만 하고. 아!

단어

집을 보다 – 看家, 들려주다 – 给……听, 자장노래 – 摇篮曲

팔을 베다 – 枕胳膊, 잠이 들다 – 睡着, 다른 – 别的、其他的

부르다 – 唱, 가만히 – 呆呆地

94. 집을 보다가 看家

「동」 '(집을) 보다'에 '-다가'가 연결된 형태. 이 '-다가'는 행동의 전환을 나타낸다.

「动」 '(집을) 보다(看家)' + '-다가'。这里的 '-다가'表示行动的转换。

예) 학교에 가다가 친구를 만났다. / 밥을 먹다가 전화를 받았어요.

한걸음 더

1. '먼산[89]'의 뜻을 쓰십시오.

2. '바다가 들려주는 자장 노래'는 실제 무슨 소리입니까?

1. 멀리 있는 산 2. 파도소리

길손 : 자, 여기. 어? 피!

감이 : 안 아파. 괜찮아.

길손 : 아이, 가만히 있어 봐. 내가 매 줄게[95].
　　　꽃잎 같아.

감이 : 꽃잎?

길손 : 응. 지난 여름에 내가 누나 머리에 꽂아 줬던[96]
　　　빨간 꽃잎.

감이 : 겨울밤 화롯불같다는 그 꽃?

길손 : 그래서 누나한테 꽃냄새가 나는구나[97]?

감이 : 그래 누난 꽃이다~ 거 봐. 졸리지?

단어

피 – 血, 매다 – 包扎, 꽃잎 – 花瓣
지난여름 – 去年夏天, 겨울밤 – 冬夜, 화롯불 – 火炉, 졸리다 – 瞌睡

95. 매 줄게 给你包上

「동」 '매다'에 '-아 주다'가 연결된 형태.

「动」 '매다(包扎)' + '-아 주다'。

96. 꽂아 줬던 卡在……上的

「동」 '꽂다'에 '-아 주다'가 연결되었다. 이 형태에 과거 회상을 나타내는 '-던'이 쓰였다. 「动」 '꽂다(卡)' + '-아 주다'。 '꽂아 주다 ' + 表示回想的 '-던'。

97. (꽃 냄새가) 나는 구나 有花香散发出来

「동」 '나다'에 감탄형 '-는구나'가 연결된 형태.

「动」 '(냄새)나다(有味儿)' + 感叹语气 '-는구나'。

예) 벌써 눈이 내리는구나! / 일찍 오는구나!

한걸음 더

1. 길손이는 감이 손에 난 피를 보고 무엇을 연상했습니까?
2. 길손이가 부른 노래는 어떤 노래입니까?

정답

1. 꽃잎 2. 자장가

길손 : 오늘은 누나 무릎 베고 잘래.

감이 : 내일부턴 길손아, 말썽 부리지 말고[98] 얌전히 있어.

　　　알았지?

길손 : 여긴 너무 심심해.

　　　스님들은 부처님 흉내만 내잖아[99].

　　　움직이는 거라곤 나하고 바람이 밖에 없어.

　　　엄마 찾으러[100] 언제 가?

감이 : 엄만⋯⋯ 있잖아[101]..

길손 : 빨리 가고 싶어[102]

무릎을 베다 － 枕腿, 얌전하다 － 乖乖

심심하다 － 无聊, 흉내를 내다 － 模仿, 움직이다 － 移动, 밖에 － 外面

98. 말썽부리지 말다 **不要淘气**

「동」 '(말썽)부리다'에 금지를 나타내는 '-지 말다'가 연결된 형태.

「动」 '(말썽)부리다(淘气)' + 表示禁止的否定形 '-지 말다'。

99. 흉내만 내잖아 **只会模仿**

「동」 '(흉내)내다'에 '-잖아'가 연결된 형태. 여기서 '-잖아'는 말하는 사람이 자신의 생각이 맞음을 주장하면서 상대방을 핀잔하듯이 말함을 나타낸다.

「动」 '(흉내)내다(模仿)' + '-잖아'。这里的 '-잖아'表示说话者主张自己想法对, 对对方似乎谴责地说。

예) 그게 아니라고 했잖아. / 내 말이 맞다고 하잖아.

100. 찾으러 **去找**

「동」 '찾다'에 행동의 목적을 나타내는 '-(으)러'가 연결된 형태.

「动」 '찾다(找)' + 表示行动的目的 '-(으)러'。

101. 있잖아 **那个**

여기서 '있잖아'는 말을 꺼내기 거북할 때, 혹은 생각이 잘 나지 않을 때 습관적으로 하는 말이다.

这 '있잖아(那个)'是说话不方便时或者想不起来时, 习惯地说。

예) 있잖아, 오늘 내가 지갑을 주웠거든. / 있잖아, 돈 좀 빌려 줄래?

감이 : 그래, 엄마한테 가자[103].

추운 겨울이 지나면.

지금은 많이 추우니까[104]

따뜻한 봄이 오면 그때 가자, 길손아.

어? 길손이 자니?

(코 고는 소리)

감이 : 너의 모습을 다시 볼 수 없는[105] 거니?

한번만이라도[106]..

단어

코를 골다 － 打呼嚕, 모습 － 样子

102. 가고 싶어 想去

「동」'가다'에 희망을 나타내는 '−고 싶다'가 연결된 형태. ∴ 주어가 3인칭일 경우에는 '−고 싶어하다'가 쓰인다.

「动」'가다(去)' + 表示希望的 '−고 싶다'。∴如果主语是第三人称的话, 就用来 '−고 싶어하다'。

예) 갑자기 중국요리가 먹고 싶어요. / 우리 엄마가 너를 보고 싶어하셨어.

103. 가자 走吧

「동」'가다'에 권유를 나타내는 '−자'가 연결된 형태.

「动」'가다(走)' + 表示劝说的 '−자'。

예) 빨리 먹자. / 내일 등산 가자.

104. 추우니까 因为冷

「형」'춥다'에 이유나 원인을 나타내는 '−(으)니까'가 연결된 형태.

「形」'춥다(冷)' + 表示理由或者原因的 '−(으)니까'。

105. 볼 수 없다 看不到

「동」'보다'에 가능을 나타내는 '−ㄹ 수 있다 / 없다'가 연결된 형태.

「动」'보다(看)' + 表示能/可能的 '−ㄹ 수 있다 / 없다'。

106. 한번만이라도 哪怕只一次

'한번'에 강조를 나타내는 '−만이라도'가 쓰인 형태.

'한번一次' + 表示强调的 '−만이라도'。

길손 : 누나, 아줌마 셋이서 대웅전에서 절을 하고 있다.
복 달라고[107] 명 달라고 비는 거래.
할머니들은 또 탑을 돌고 있어.
저 할머니들은 뭘 달라고 조를까?
극락가게[108] 해 달라고 그러겠지[109]?

아줌마 － 阿姨, 대웅전 － 大雄殿, 절을 하다 － 拜佛, 복 － 福,
명 － 长命、寿命, 달다 － 给、要, 빌다 － 祈求, 탑 － 塔, 돌다 － 转
극락 － 极乐

107. 달라고 要

「동」 '달다'에 '-라고'가 연결된 형태. 여기서 '-라고'는 앞 절의 사실이 이루어지기를 바라서 후행문의 행위를 함을 나타낸다.

「动」 '달다(要)' + '-라고'. 这里的 '-라고'前小句表示目的, 后小句表示行为动作。

예) 시험에 합격하라고 엿을 사준거야. / 둘이 같이 먹으라고 많이 사 왔어.

108. 극락가게 使……到极乐世界

「동」 '(극락)가다'에 사동을 나타내는 '-게'가 쓰였다. 여기서 '-게'는 '-도록'의 의미.

「动」 '(극락)가다(到极乐世界)' + 表示使动的 '-게'。∴ '-도록'的 意思。

109. 그러겠지 是这样吧

「동」 '그러다'에 추측을 나타내는 '-겠'이 쓰인 형태. '그러다'는 '그리하다'의 준 꼴.

「动」 '그러다(是那样的)' + 表示推测的 '-겠'。'그러다'是 '그리하다'的缩略语。

한걸음 더

1. 길손이는 아줌마들이 대웅전에서 왜 절을 하고 있다고 했습니까?
2. '명달라고'의 의미를 쓰십시오.

---

1. 복을 받고, 오래 살 수 있도록 빌고 있다고 생각함 2. '장수'하게 해 달라는 의미

길손 : 부처님도 참 성가시겠다. 그치[110]?

누나, 사람들이 자꾸자꾸 조르기만 하니까

부처님은 꼼짝도 안하고 있는 걸 거야[111].

나 같으면[112] 재밌게 해 드릴 텐데[113].

응, 그치, 누나?

감이 : 응. 우리 길손이 다 컸네. 부처님 마음도 잘 알고.

단어

성가시다 — 不耐烦, 자꾸자꾸 — 常常、継続、反夏, 조르다 — 缠,

꼼짝도 안하다 — 一动也不动, 다 크다 — 长大了,

마음을 알다 — 把心思懂清楚

110. 그치 是吧

‘그렇지’의 입말.

‘그렇지(是吧)’的口语。

111. 꼼짝도 안하고 있는 걸 거야 一动也不动

「동」 ‘꼼짝하다’에 ‘안—’부정형태가 연결되어 ‘꼼짝 안하다’가 되었다. 여기에 강조를 나타내는 ‘—도’가 쓰여서 ‘꼼짝도 안하다’가 되었다. 다시 이 형태에 상태지속을 나타내는 ‘—고 있다’가 연결되었으며, 여기에 추측을 나타내는 ‘—ㄹ 걸 거야’가 연결된 형태.

「动」 ‘꼼짝하다(动弹)’ + ‘안—’否定形态。‘꼼짝 안하다’ + 表示强调的 ‘—도’。‘꼼짝도 안하다’ + 表示正在进行 ‘—고 있다’ + 表示推测的 ‘—ㄹ 거야’。

예) 아마 아직도 자고 있는 걸 거야. / 지금 오고 있는 걸 거야.

112. (나) 같으면 要是我的话

「형」 ‘같다’에 가정을 나타내는 ‘—(으)면’이 연결될 형태. ∴ 여기에서 ‘같다’는 가정을 나타내는 ‘—라면’의 뜻이다.

「形」 ‘같다(要是)’ + 表示假定的 ‘—(으)면’。∴ 这里的 ‘같다’和表示假定的 ‘—라면(要是、如果)’同意。

113. 드릴 텐데 会给

「동」 ‘드리다’에 추측을 나타내는 ‘—ㄹ 텐데’가 연결된 형태.

「动」 ‘드리다(给、献)’ + 表示推测的 ‘—ㄹ 텐데’。

길손 : 어, 아저씨~

아주머니: 어여 와 어여~

어여 와~

스님한테 인사 했나?

아이 : 네.

감이 : 왜? 스님한테 안 가?

그럼, 우리 도토리 주으러 갈까[114]?

아주머니: 에이, 요 녀석.

길손 : 나쁜 애들한테도 엄마가 있는데..

감이 : 뭐, 뭐라구?

단어

인사를 하다 － 打招呼、问候, 도토리 － 橡子, 줍다 － 捡
나쁜 애들 － 坏孩子

114. 주우러 가다 去捡

「동」 '줍다'에 행동의 목적을 나타내는 '-(으)러'가 연결된 형태.
「动」 '줍다(捡)' + 表示行动的目的 '-(으)러'。

한걸음 더

1. 길손이는 왜 부처님이 꼼짝도 안하고 있다고 생각했습니까?

2. 사람들은 부처님한테 무엇을 달라고 조릅니까?

정답

1. 사람들이 조르니까 성가시기 때문 2. 복달라고, 오래 살게 해달라고 조른다

길손 : 고맙습니다, 아줌마.

아주머니 : 얘, 그거 저기 물하고 같이 먹어라.

길손 : 예~ 누나가요 물가에서 기다리고 있어요~

형 : 떡 하나 주면 안 잡아 먹~지[115].

동생 : 떡 하나 주면 안 잡아 먹~지.

길손 : 떡 아냐. 정말이야.

형 : 어쭈.

동생 : 어쭈.

형 : 따라하지 마[116].

동생 : 따라하지 마.

단어

물가 – 河边, 어쭈 – 咦, 따라 하다 – 学、跟着, 떡 – 年糕

115. "떡 하나 주면 안 잡아먹지" 不给我年糕的话，小心我吃了你

이 말은 한국 전래동화 「해님달님」 이야기에 나오는 한 대목이다.
这是韩国传来童话「太阳和月亮」故事里的一句。

116. 따라 하지 마 不要学我

'따라 하다'에 금지를 나타내는 '-지 말다'가 연결된 형태.
'따라 하다(学)' + 表示禁止的 '-지 말다'。

한걸음더

1. '물가'를 소리나는대로 쓰십시오.
2. '떡 하나 주면 안 잡아먹지'라는 말의 출처를 쓰십시오.

형 : 너 말이야. 너너너!

동생 : 형, 알았어. 따라하지 않을게.

형 : 야! 서!

길손 : 떡 아니라니까[117].

동생 : 감자다!

길손 : 어, 야~

동생 : 메롱[118]~

　　　　약오르지[119]

형 : 나눠[120] 먹어야지[121].

동생 : 맞어.

길손 : 우리 누나랑 나눠 먹을 거야.

단어

나누다 - 分, 맞다 - 对

117. 아니라니까 真的不是……啊

「형」'아니다'에 강조를 나타내는 '-라니까'가 연결된 형태.
「形」'아니다(不是)' + 表示强调的 '-라니까'。

118. 메롱 嘟嘟嘟嘟

'그럴 줄 몰랐지'하는 뜻으로 상대편을 놀릴 때 내는 소리.
意味着 '你不知道那样做的', 拿对方开玩笑的声音。

119. 약 오르다 生气了吧

관용적 표현으로 '화가 나게 하다'의 뜻.
与 '화가 나다(生气)'同义。

120. 나눠 分

'나누어'의 준꼴
'나누어(分)'的缩略语。

121. 먹어야지 一定要吃

「동」'먹다'에 권유나 명령을 나타내는 '-아야지'가 연결된 형태.
「动」'먹다(吃)' + 表示命令或者劝说的 '-아야지'。
예) 성공하려면 열심히 공부해야지.

한걸음 더

1. '약 오르지!'라는 말의 의미를 쓰십시오.

---

1. 관용적인 표현으로 '은근히 화가 나게 하다'라는 뜻

형 : 어~누나도 있구나.

동생 : 거지 누나.

길손 : 거지 아냐~ 이리 내 놔. 내 거란 말야[122].

　　　돌려 줘!

길손 : 누나..

　　　어?

길손 : 누나.

길손 : 누나, 그때 감자 준 아줌마가 우리 엄마였으면 좋겠
　　　다[123].

감이 : 뚱뚱하다는[124] 그 아줌마?

단어

거지 – 乞丐, 돌려주다 – 还给

122. 내 거란 말이야 是我的

‘내 것이다’에 강조를 나타내는 ‘−란 말이다’가 연결된 형태.

‘내 것이다(是我的)’ + 表示强调的 ‘−란 말이다’。

123. 엄마였으면 좋겠다 要是我妈妈该多好啊!

‘엄마이다’에 희망이나 바람을 나타내는 ‘−(으)면 좋겠다’가 연결된 형태.

‘엄마이다(是妈妈)’ + 表示希望和愿望的 ‘−(으)면 좋겠다’。

124. 뚱뚱하다는 胖的

‘뚱뚱하다고 말한’의 뜻.

‘뚱뚱하다고 말한(是说胖的)’的意思。

한걸음 더

1. 길손이는 왜 뚱뚱한 아줌마가 엄마였으면 좋겠다고 했습니까?

---

1. 아줌마가 마치 엄마처럼 다정하게 대해줬기 때문

길손 : 아냐~

　　　많이 이쁜 아줌마야.

감이 : 그래, 알았어.

　　　많이 이쁜 아줌마.

길손 : 피~

감이 : 어, 왜, 화났어?

　　　길손아, 우리 도토리 주으러 갈까?

길손 : 싫어. 나 잘 거야.

감이 : 길손이, 정말 잘 거야? 삐졌구나[125], 너.

　　　그럼, 나 혼자 가야지 뭐.

　　　우리 길손이가 왜 그럴까요?

이쁜 － 漂亮的　싫다 － 不要、讨厌,　혼자 － 一个人

125. 삐졌구나 要小脾气了呢

‘삐쳤구나’의 뜻. 표준어 ‘삐치다’에 감탄형 ‘-구나’가 연결된 형태.

‘삐쳤구나(要小脾气了呢)’的意思。标准语 ‘삐치다(发小脾气)’ + 感叹语气 ‘-구나’。

한걸음 더

1. 길손이는 감자준 뚱뚱한 아줌마를 왜 이쁜 아줌마라고 말했습니까?

3. 길손이는 왜 삐쳤습니까?

1. 엄마처럼 느껴졌기 때문   2. 엄마가 보고 싶은데 엄마가 없어서

형 / 동생: 키히히히

　　　　　앞이 안 보여~　눈앞이 **깜깜해**~

　　　(감이의 흥얼거리는 노래소리)

감이 : 아악, 엄마!

형 / 동생: 이히히. 하하하하!

형 : 그지[126]? 그지? 어? 내 말이 맞지?

동생 : 히히히~ 응. 봉사. 장님. 히히~

형 : 또 해 볼까?

동생 : 어. 재밌다.

　　　형아야, 이제 내가 해 볼까? 이야~

감이 : 이러지 마. 누구야?

〔단어〕

깜깜하다 ― 黑乎乎, 흥얼거리다 ― 哼歌,　봉사 ― 瞎子, 장님 ― 盲人

126. 그지 是吧

‘그렇지’의 뜻.

‘그렇지(是吧)’的意思。

한걸음 더

1. 나쁜 아이들은 어떤 행동을 하고 있습니까?

2. 본문에서 ‘앞이 안 보여’와 같은 의미의 단어를 모두 찾아 쓰십시오.

정답

1. 감이를 장님이라고 놀리며 괴롭히고 있다   2. ‘장님’, ‘봉사’

동생 : 형아야, 근데[127] 눈뜨고도 정말 안 보여?

형 : 바보야. 눈 뜬 봉사라니까[128].

　내가 해 볼게. 잘 봐.

감이 : 아아아악~

동생 : 잘 한다

　불러 봐. 불러 봐. 하나도 안 무섭다.

　(우는 소리)

단 어

눈을 뜨다 － 睁开眼睛, 바보 － 笨蛋, 눈 뜬 봉사 － 睁眼瞎子,
해보다 － 试一试, 부르다 － 叫, 무섭다 － 怕, 괴롭히다 － 欺负
혼내주다 － 教训、整治

127. 근데 但是

‘그런데’의 입말.

‘그런데(但是)’的口语。

128. 봉사라니까 是瞎子啊

‘봉사이다’에 강조를 나타내는 ‘－라니까’가 연결된 형태.

‘봉사이다(是瞎子)’ + 表示强调的 ‘－라니까’。

한걸음 더

1. 본문의 ‘눈뜬 봉사’란 무슨 뜻입니까?
2. 나쁜 아이들은 왜 감이를 괴롭히고 있습니까?

정답

1. ‘비록 눈을 뜨고 있지만 사물을 볼 수 없는 사람’을 말한다
2. 감이가 앞을 볼 수 없다는 것을 알고 있기 때문

감이 : 길손아..길손아.. 어딨는 거야? 길손아..

길손 : 이얏!

　　　우리 누나 괴롭히지 마[129]!

　　　내가 혼내줄 거야!

감이 : 그만 해! 그만하란 말야[130]!

〔단어〕

괴롭히다 ― 欺负,　혼내주다 ― 教训、整治

129. 괴롭히지 마 別欺负人

「형」 '괴롭다'에 사동을 나타내는 '-히'가 쓰여 '괴롭히다'가 되었다. 여기에 금지를 나타내는 '-지 말다'가 연결된 형태.

「形」 '괴롭다(欺负)' + 表示使动的 '-히'。'괴롭히다' + 表示禁止的 '-지 말다'。

130. 그만하란 말이야 住手

'그만하다'에 명령의 내용을 강조하는 '-란 말이다'가 연결된 형태.

'그만하다(停止)' + 表示强调内容的 '-란 말이다'。

한걸음 더

1. 길손이는 왜 동네 아이들과 싸웠습니까?
2. '괴롭히지'를 소리나는대로 쓰십시오.

---

1. 동네 아이들이 누나를 괴롭히기 때문 2. 괴로피지

♤♠ 섬집 아기 ♤♠

엄마가 섬그늘에 굴 따러 가면
아기가 혼자 남아 집을 보다
바다가 불러주는 자장 노래에
팔 베고 스르르르 잠이 듭니다

妈妈去岛的后面挖出海蛎子,
留孩子一人看家,
大海唱的摇蓝曲声中
枕着胳膊不知不觉睡去了。睡去了。

오세암 Part 3

형 : 쬐끄만 게[131]. 너 따위 이겨.

감이 : 그만해!

　　　그만하란 말야…… 그만!

형 : 까불고 있어[132].

감이 : 길손아, 길손아. 이리 와.

형 : 짜식 까불고 있어……

동생 : 맞아. 형아, 싸움 잘하지, 그지?

감이 : 괜찮아? 다친 데 없어?

길손 : 없어. 치.

감이 : 미안해. 다 누나 때문이야. 어? 피가 나.

길손 : 피 아냐. 콧물이야.

단어

따위 — 表示程度, 이기다 — 赢, 그만하다 — 停止、住手, 까불다 — 淘气
싸움 — 打仗, 다치다 — 受伤, 콧물 — 鼻涕

131. 쬐그만 놈이 小崽子, 小东西

‘조그마한 것이’의 뜻.

‘조그마한 것이(小崽子)’的意思。

132. 까불고 있어 正在淘气

「동」‘까불다’에 진행을 나타내는 ‘－고 있다’가 연결된 형태.

「动」‘까불다(淘气)’＋ 表示进行的 ‘－고 있다’。∴ 但在本文是反问之意, 表"还淘气?"

한걸음 더

1. 본문의 ‘쬐그만’의 의미를 쓰십시오.

2. 감이가 ‘다 누나 때문이야’라고 말한 이유가 무엇입니까?

---

1. ‘조그마한’, ‘작은’의 뜻 2. 감이가 장님이기 때문에 아이들의 놀림을 받아서 길손이가 화가 났다고 생각했기 때문

형 : 헤~ 지 누나 장님이라고[133] 거짓말한다.

형 / 동생 : 그건 코피래요.~

형 : 아~이, 쬐끄만 놈이!

동생 : 형아, 피~

　　　아, 쌍코피야~

　　　아~하하~ 형아 코피 많이 난다.~

형 : 으아아아~~앙~~나 코피난다.~~

코피 ― 鼻血, 거짓말 ― 假话, 빨리 ― 快

133. 장님이라고 是个盲人

'장님이다'에 '그러한 것을 이유로 해서'라는 의미의 '-라고 '가 쓰인 형태.

'장님이다(是个盲人)' + 表示意味着因为那样的理由 '-라고 해서'.

예) 방학이라고 놀기만 해서는 안 된다. / 학생이라고 모두 공부를 하는 것은 아니다.

한걸음 더

1. 형은 길손이가 어떤 거짓말을 했다고 말했습니까?
2. '쌍코피'는 무엇을 뜻합니까?

---

1. 코피를 콧물이라고 함 2. 코피가 양쪽 콧구멍에서 다 흐르는 것

동생 : 엄마~ 형아 코피 많이 나요.~

형 : 엄마~

동생 : 엄마 여기야. 빨리 와 봐, 빨리~

　　　엄마 빨리 와 봐. 저기야.

아주머니 : 종철아, 아이구 종철아 이게 어쩐 일이여[134]~

동생 : 얘가 그랬어, 엄마.

아주머니 : 아이구, 누구여 누구?

　　　　　누가 우리 귀한 장손[135]을 이런 겨[136]?

　　　　　아이구 시상에[137]!

단어

장손 － 长孙, 귀하다 － 宝贵, 장손 － 长孙, 형아 － 哥哥、兄长,
때리다 － 打

134. 어쩐 일이여 怎么回事

'어찌된 일이야'의 뜻.

'어찌된 일이야(怎么回事)'的意思。

135. 귀한 장손 宝贝长孙

「형」'귀하다'에 명사 '장손'이 연결된 형태.

「形」'귀하다(宝贝)' + 名词 '장손(长孙)'。

136. 이런 겨 弄成这样了

'이렇게 한거야'의 뜻.

'이렇게 한거야(弄成这样了)'的意思。

137. 시상에 天哪

'세상에'의 뜻.

'세상에(天哪)'的意思。

한걸음 더

1. '장손'의 의미를 쓰십시오.

1. 한 집안에서 맏이가 되는 후손

동생 : 저 거지가 형아 때렸어.

감이 : 죄송합니다. 그 애들이 먼저……

아주머니 : 뭐여?

애를 이 지경으로 만들어놓고[138] 뭔 핑계여 핑계가[139].

절밥 얻어먹고 지내려면[140] 얌전히나 지내야지.

아 시상에 어린 것들이 버릇이 저렇게도 없디야[141].

아이구 우리 종철이 많이 아팠어?

단어

지경 − 地步、情况, 핑계 − 借口, 절밥 − 斋饭, 얻어먹다 − 讨饭、要饭
지내다 − 生活、过日子, 얌전하다 − 老实、乖乖, 어리다 − 小、年轻
버릇 − 规矩、礼貌

138. 만들어 놓고 弄成

「동」 '만들다'에 상태의 지속을 나타내는 '-아 놓다'가 연결된 형태.

「动」 '만들다(弄)' + 表示状态持续的 '-아 놓다'。

139. 핑계여 핑계가 别找借口

'핑계대지 마라'는 것을 강하게 표현한 형태.

把 '핑계대지 마라(别找借口)'强烈地表现的形态。

140. 지내려면 想生活的话

「동」 '지내다'에 가정을 나타내는 '-려면'이 연결된 형태.

「动」 '지내다(生活)' + 表示假定的 '-려면'。

141. 없디야 没有……吗?

'없을까'의 뜻.

'없을까(没有……吗?)'的意思。

한걸음 더

1. 본문에서 '저 거지'는 누구를 가리킵니까?
2. 본문에서 '어린 것들'은 누구를 가리킵니까?

길손이 어머니 : 우리 길손이 많이 아파?

아이고 우리 길손이가 많이 다쳤네?

우리 길손이를 누가 때렸누[142]……

엄마가 혼내줘야겠네[143].

아주머니 : 애, 꼬마야!

아니, 너 큰애 나 좀 보자.

감이 : 길손아, 안돼. 길손아!

아주머니 : 아주! 저, 저, 저, 저! 되먹지 못한[144] 놈 좀 보
게.

어른한테 하는 버릇 좀 봐…… 어?

단어

다치다 － 受伤, 혼내주다 － 教训, 꼬마 － 小鬼, 큰애 － 大孩子,
어른 － 长辈

142. 때렸누 打了?

‘때렸지?’의 뜻.

‘때렸지?(打了吗?)’的意思。

143. 혼내줘야겠네 得教训(你)

「동」‘혼내다’에 ‘— 아 주다’가 연결되어 ‘혼내 주다’가 되었다. 이 형태에 ‘—아야겠다’이 연결되었다. ‘—아야겠다’은 마땅히 그래야 할 일에 대한 말하는 이의 의지를 나타낸다.

「动」‘혼내다(教训)’ + ‘— 아 주다’。‘혼내주다’ + ‘—아야겠다’。这里的 ‘—아야겠다’表示说话人以为应该……。

144. 되먹지 못하다 没有礼貌

‘되어—먹다’에 부정형태인 ‘—지 않다’가 연결되었다. ‘되어—먹다’는 ‘되다’의 속된 표현.

‘되어—먹다((为人)不错)’ + 否定形态 ‘—지 않다’。‘되어—먹다(有礼貌)’是 ‘되다’的俗称。

한걸음더

1. 본문의 ‘큰 애’는 누구를 가리킵니까?
2. ‘되먹지 못한 놈’이라고 말한 까닭은 무엇입니까?

정답

1. 감이 2. 길손이가 예의 없이 어른 앞에서 행동했기 때문

아주머니 : 봤지? 네 눈으로 똑똑히 보고도 변명이 나오
         나?

         (울음소리)

아주머니 : 아 뚝 그쳐[145]~!

동생 : 엄마, 저 누나 장님이다.

아주머니 : 뭐?

동생 : 앞이 안보인데[146]……

         (울음소리)

길손 : 엄마~~~~

      나두 나두 코피 난단 말이야[147].

      나두 많이 아퍼, 엄마.

      (울음소리)

단어

똑똑히 — 清清楚楚, 변명 — 辯解、借口, 장님 — 盲人, 코피 — 鼻血

145. 아 뚝 그쳐 別哭了

'그만 울어'의 뜻. '그쳐'의 「기본형」은 '그치다'이다.

'그만 울어(別哭了)'的意思。'그쳐(停止)'的「原形」是'그치다'。

146. 앞이 안보이다 什么也看不见

'장님'을 뜻함.

意味着 '장님(盲人)'。

147. 코피 난단 말이야 流鼻血了

'코피(가) 나다'에 강조를 나타내는 '―단 말이다'가 연결된 형태.

'코피(가) 나다' + 表示强调的 '―단 말이야'。

한걸음 더

1. '앞이 안보인다'는 의미의 단어를 본문에서 찾아보십
시오.

1. 장님

스님1 : 차차~ 아이..흠흠

　　　　길손이 너 아저씨처럼 제비뜨기 못하지?

　　　　봐라~ 이렇~게

길손 : 재미없어. 하나두.

스님1 : 오호! 우리 길손이 오늘은 너무 얌전한 걸.

　　　　에~길손이가 엄마 보고 싶어서[148] 기운이 없구나.

길손 : 엄마 얼굴도 생각이 안 나는데, 뭐……

　　　　맨날 누나 꿈에만 나오고 내 꿈엔 한번도 안 나와.

　　　　엄마 나빠.

단어

제비뜨기 － 打水漂, 기운 － 精神、力气, 맨날 － 每天, 꿈 － 梦
나쁘다 － 坏

148. 보고 싶어서 因为想见

「동」 '보다'에 희망이나 바람을 나타내는 '−고 싶다'가 연결된 형태. 이 형태에 원인이나 까닭을 나타내는 '−아서'가 연결되었다.

「动」 '보다(见)' + 表示希望或者愿望的 '−고 싶다'. '보고 싶다' + 表示原因或者理由的 '−아서'.

한걸음더

1. 길손이가 오늘 기운이 없는 까닭을 쓰십시오.

2. 길손이가 꿈에서도 엄마를 만나지 못하는 이유가 무엇입니까?

---

1. 아이들과 싸운 후에 엄마 생각이 나서 2. 길손이가 너무 어렸을 때 엄마가 돌아가셨기 때문에 엄마에 대한 기억이 없으므로

스님1 : 엄마는 마음 속에 있잖아.

　　　　보이진 않아도[149] 항상 마음 속에 품고 있으니까[150]

　　　　함께 있는 거지.

길손 : 치, 거짓말. 엄만 바람 같애.

　　　　내 마음만 흔들고 보이지는 않아.

스님1 : 바람?

길손 : 부처님 눈에는 바람이 보여?

스님1 : 부처님 눈에는……그래, 바람이 보이지.

길손 : 어떻게 바람이 보여?

스님1 : 마음의 눈을 뜨고 계시니까[151].

길손 : 마음의 눈이란 것도 있어?

단어

마음 － 心, 항상 － 经常, 품다 － 藏、怀, 거짓말 － 假话

보이다 － 看得见, 흔들다 － 牵动, 뜨다 － 睁开

149. 보이진 않아도 即使看不见也

「동」 '보다'의 피동형 '보이다'에 부정형 '-지 않다'가 연결된 형태.

「动」 '보다(见)'的被动性 '보이다(看得见)' + 否定形 '-지 않다'。

150. 품고 있으니까 因为藏在……, 所以

「동」 '품다'에 계속 지속됨을 나타내는 '-고 있다'가 연결된 형태. 이 형태에 원인이나 이유를 나타내는 '-(으)니까'가 연결되었다.

「动」 '품다(藏)' + 表示継续持续的 '-고 있다'。'품고 있다' + 表示原因或者理由的 '-(으)니까

151. 뜨고 계시니까 因为睁着(眼睛)

「동」 '뜨다'에 계속 지속됨을 나타내는 '-고 계시다'가 연결된 형태. 이 형태에 원인이나 이유를 나타내는 '-(으)니까'가 연결되었다. ∴ '-고 계시다'는 '-고 있다'의 존대형이다.

「动」 '뜨다(睁开)' + 表示継续持续的 '-고 계시다'。'뜨고 계시다' + 表示原因或者理由的 '-(으)니까'。∴ '-고 계시다'是 '-고 있다' 的尊敬语。

한걸음더

1. 길손이는 엄마를 무엇에 비유했습니까?
2. 부처님은 어떻게 바람을 볼 수 있다고 했습니까?

정답

1. 바람 2. 마음의 눈을 뜨고 계시기 때문 바람을 볼 수 있다고 함

스님1 : 그럼~

우리 한사람 한사람한테는 수많은 눈의 창문이 있

단다.

지금 감이는 몸의 창문이 닫힌 거구[152],

길손이와 나는 마음의 창문이 닫혀있는 거지.

하지만 공부를 열심히 하면 하나 하나 창문이 열

리거든[153].

그땐 바람도 보이고 하늘 뒤란도 보이는 거야.

길손 : 나두 마음의 눈을 뜨고 싶어.

바람도 보고 싶구, 하늘 뒤란도 보고 싶어.

단어

수많은 - 许多、好多, 창문 - 窗户, 하늘뒤란 - 天上面, 헤어지다 - 分开

152. 닫힌 거구 被关上了

「동」'닫다'의 피동 '닫히다'에 명사 '것'이 연결된 형태. '닫힌 것이고'의 의미.

「动」'닫다(关)'的被动形 '닫히다' + 名词 '것'。'닫힌 것이고'的意思。

153. 열리거든 由于被打开了

「동」'열다'의 피동 '열리다'에 '-거든'이 연결된 형태. '-거든'은 말하는 이가 나름대로 생각한 까닭이나 이유를 들어 말함을 나타낸다.

「动」'열다(打开)'的被动 '열리다' + '-거든'。这里的 '-거든'表示说话者举自己想出来的原因或者理由说。

한걸음 더

1. 스님은 어떻게 하면 바람이나 하늘 뒤란을 볼 수 있다고 했습니까?

2. 스님은 왜 사람들이 바람이나 하늘 뒤란을 볼 수 없다고 했습니까?

3. 스님은 어떻게 하면 마음의 창문이 열린다고 했습니까?

1. 마음의 창문이 열리면 볼 수 있다고 함 2. 마음의 창문이 닫혀있기 때문
3. 열심히 공부하면 마음의 창문이 하나씩 열린다고 함

스님1 : 그러려면 공부를 아주 많이 해야 돼.

　　　　 길손아, 아저씨랑 같이 공부하러 가지 않을래[154]?

길손 : 정말?

스님1 : 그러려면 감이누나와 헤어져 있어야 되는데[155].

길손 : 왜?

스님1 : 응~ 가는 길이 험해서[156] 감이가 가기엔 힘이 들

　　　　 게야.

길손 : 거기가 어딘데?

스님1 : 저기 저 마등령 중턱에 있는 관음암이지.

길손 : 언제 내려오는데?

스님1 : 음……봄이 오면 내려와야지?

단어

헤어지다 － 分开, 험하다 － 崎岖, 힘(이)들다 － 辛苦、难、吃力,

마등령 － 马登岭, 중턱 － 半山腰, 관음암 － 观音庵,

154. 가지 않을래 不想去吗?

「동」 '가다'의 부정형태인 '가지 않다'에 '-을래'가 연결되었다. '-을래'는 상대편의 의사를 물어 보는 뜻으로 쓰인다.

「动」 '가다(去)'的否定形态 '가지 않다' + '-을래'. '-을래'用于意味打听对方的心意。

예) 안 먹을래? / 같이 영화 보러 갈래?

155. 헤어져 있어야 되다 必须分开

「동」 '헤어지다'에 상태 지속을 나타내는 '-아 있다'가 연결된 형태. 이 형태에 마땅히 그러해야 함을 나타내는 '-아야 되다'가 연결되었다.

「动」 '헤어지다(分开)' + 表示状态持续的 '-아 있다'. '헤어져 있다' + 表示该(做)那样的 '-아야 되다'.

156. 험해서 因为路崎岖

「형」 '험하다'에 이유나 원인을 나타내는 '-아서'가 연결된 형태.

「形」 '험하다(崎岖)' + 表示理由或者原因的 '-아서'.

한걸음 더

1. 스님이 관음암은 감이가 가기에 힘들다고 말한 이유가 무엇입니까?
2. 마등령 중턱에 있는 암자 이름은 무엇입니까?
3. 길손과 스님은 언제 관음암에서 내려옵니까?

정답

1. 가는 길이 너무 험해서 2. 관음암 3. 이듬해 봄

감이 : 길손이 왔구나.

길손 : 어휴. 누난 내가 오는 걸 어떻게 금방 알아?

감이 : 누난 금방 알지.

　　　우리 길손이한테는 좋은 냄새가 나니까[157].

길손 : 좋은 냄새는 맛있는 냄샌데.

　　　내가 먹는 거야?

감이 : 그럼~앙 깨물어주고 싶은[158] 냄새.

　　　우리 길손이 심심하지?

길손 : 아니, 안 심심해.

　　　아저씨는 내일 공부하러 멀리 간대[159].

단어

냄새(가) 나다 － 有味儿

157. (좋은) 냄새가 나니까 因为散发出香味

'냄새(가) 나다'에 원인이나 이유를 나타내는 '-(으)니까'가 연결된 형태.

'냄새가 나다(有味儿)' + 表示理由或者原因的 '-(으)니까'。

158. 깨물어주고 싶다 想咬

「동」'깨물다'에 '-아 주다'가 연결되어 '깨물어 주다'가 되었다. 이 형태에 희망이나 바람을 나타내는 '-고 싶다'가 연결된 형태.

「动」'깨물다(咬)' + '-아 주다'. '깨물어주다' + 表示希望或者愿望的 '-고 싶다'。

159. 멀리 간대 听说出远门

「동」'(멀리) 가다'에 동사의 축약형 간접화법 '-는대'가 연결되었다.

「动」'(멀리) 가다(去远的地方)' + 动词的缩略形间接引语 '-는대'。

한걸음 더

1. 감이는 길손이가 온 것을 어떻게 안다고 했습니까?
2. 본문의 '아저씨'는 누구를 가리킵니까?
3. 스님은 언제 공부하러 떠납니까?

정답

1. 길손이한테서 좋은 냄새가 나기 때문 2. 스님 3. 내일

감이 : 길손이도 공부하고 싶어?

길손 : 공부하면 바람도 볼 수 있대[160].

감이 : 글쎄……

길손 : 그러면 엄마도 볼 수 있을 텐데.

감이 : 엄마 얘기 해 줄까?

길손 : 응.

감이 : 우리 집 마당에 조그만 평상이 있었는데……

길손 : 거기 앉아서 감자랑 옥수수도 먹구?

감이 : 그럼, 감자랑 옥수수도 먹구. 밤에는 별을 보면서
　　　　옛날 얘기도 듣구.

단어

글쎄 － 可是、是啊、怎么说呢, 얘기 － 故事, 마당 － 院子,
조그만 － 小的, 평상 － 凉床, 감자 － 土豆, ～랑 － ……和……
옥수수 － 玉米, 별 － 星星, 옛날 － 很久以前

160. 볼 수 있대 听说看得见

「동」 '보다'에 가능을 나타내는 '-ㄹ 수 있다'가 연결된 형태. 이 형태에 축약형 간접화법 '-대'가 쓰였다.

「动」 '보다(看)' + 표시능 / 可能的 '-ㄹ 수 있다'. '볼 수 있다' + 缩略形间接引语 '-대'.

한걸음 더

1. 감이네 집 마당에는 무엇이 있었습니까?

2. 길손이가 말한 '거기 앉아서'의 '거기'는 어디를 가리킵니까?

3. '앉아서'를 소리나는대로 쓰십시오.

정답

1. 평상 2. 평상 3. 안자서

길손 : '해님달님' 얘기?

감이 : 그래. '해님달님' 얘기랑.

길손 : '곶감 무서운 호랑이'[161] 얘기랑.

감이 : 맞아. 그러다가 졸리면 엄마 무릎에 누워 잠도 자고.

길손 : 누나, 그 댕기 얘기 해 줘.

감이 : 아~ 내 생일날이었을 거야.

　　　 엄마랑 같이 목욕을 하구.

　　　 참빗으로 곱게 빗어[162] 머리를 땋아 주셨거든?

길손 : 그 다음엔?

[단어]

해님 － 太阳,　달님 － 月亮, 곶감 － 柿饼, 무섭다 － 害怕, 호랑이 － 老虎

졸리다 － 困, 무릎 － 膝盖, 눕다 － 躺, 댕기 － 头绳, 목욕 － 洗澡,

참빗 － 篦子, 곱게 － 漂亮地, 땋다 － 辫

161. 곶감 무서운 호랑이 害怕柿饼的老虎

한국 전래동화 '해님달님'에 나오는 이야기.

韩国传来童话 '太阳和月亮'里的故事。

162. 곱게 빗어 梳得很漂亮

「형」 '곱다'에 동사 '빗다'가 연결된 형태. ∴ '-게'는 형용사나 자동사에 쓰이어 정도, 방식을 나타내는 부사적 기능을 한다.

「形」 '곱다(漂亮)' + 动词 '빗다(梳)'。 ∴ '-게'用于形容词或自动词, 它表示程度、方式, 有副词的功能。

예) 옷을 예쁘게 입었어요. / 정말 맛있게 먹네요.

한걸음 더

1. 본문의 한국전래동화에 나오는 옛날 얘기의 제목을 모두 쓰십시오.

2. 옛날에 길손이네 가족은 어떻게 지냈습니까?

---

1. '해님달님' '곶감 무서운 호랑이'
2. 평상에 앉아서 옛날 얘기도 하고, 맛있는 음식도 먹는 행복한 가정이었다

감이 : 길손아.

길손 : 어?

감이 : 이 댕기 지금도 곱지?

　　　색동 위에 금박 무늬가 있었는데.

길손 : 으……아직도 그 옷 무늬가 있는 걸.

감이 : 저녁 예불 끝나시겠다[163]. 누난 부엌에 가 볼게.

　　　우리 길손이 얌전히 놀고 있어.

길손 : 누나……

색동 － 彩段, 금박 － 金箔, 무늬 － 花纹, 저녁에불 － 晚课

부엌 － 厨房, 얌전하다 － 乖乖

163. 끝나시겠다 快结束了

「동」'끝나다'에 존대를 나타내는 '-시'가 쓰인 형태. 이 형태에 추측을 나타내는 '-겠'이 연결되었다.

「动」'끝나다(结束)' + 表示尊敬的 '-시'。'끝나시다' + 表示推测的 '-겠。

한걸음 더

1. 감이에게 예쁜 댕기를 만들어 준 사람은 누구입니까?

2. 감이의 댕기에는 어떤 무늬가 있습니까?

---

1. 감이의 엄마   2. 색동위에 금박무늬가 있었음

(나무가 불에 타는 소리) (집이 불에 타는 소리)

어머니 : 감이야! 감이야!

감이 : 콜록, 콜록 엄마~

어머니 : 감이야!

감이 : 엄마! 엄마~

감이 : 미안해. 미안해, 길손아.. 누나가 거짓말한 거야..

　　　엄마는..다신 볼 수 없어[164].. 길손아..

　　　엄만 있잖아..마음으로밖에[165] 볼 수가 없단다..

　　　내가 보고 싶은 건..

　　　누나가 보고 싶은 건..

　　　옆에 있어도 볼 수 없는

　　　우리 길손이 모습이야.

〔단어〕

불에 타다 － 烧, 콜록 콜록 － 咳咳, 咳咳, 거짓말 － 假话

164. 볼 수 없어 看不到

「동」 '보다'에 가능을 나타내는 '-ㄹ 수 있다 / 없다'가 연결된 형태.

「动」 '보다(看)' + 表示能 ／ 可能的 '-ㄹ 수 있다 / 없다'.

165. 마음으로밖에 只在心里

'마음으로만'의 뜻.

'마음으로만(只在心里)'的意思。

∴ 밖에: 반드시 부정의 내용을 나타내는 문장에서 사용된다.

'밖에'와 '만'의 비교: '밖에'의 부정 표현과 '만'이 쓰인 긍정 표현은 같은 의미를 지닌다.

∴ 밖에(除了……以外): 只用于表示否定内容的句子。

'밖에'与 '만'的比较: '밖에'的否定表現和 '만'的肯定表現意思一样。

예) 교실에 학생이 세 명밖에 안 왔어요. / 교실에 학생이 세 명만 왔어요.

오늘밖에 시간이 없어요. / 오늘만 시간이 있어요.

한걸음더

1. 감이가 길손에게 한 거짓말은 무엇입니까?

2. 감이가 길손에게 엄마는 마음으로만 볼 수 있다고 한 이유를 쓰십시오.

3. 감이는 길손이가 옆에 있어도 왜 볼 수 없습니까?

정답

1. 엄마를 만나러 가자고 한말   2. 엄마는 이미 죽었기 때문
3. 감이는 앞을 볼 수 없기 때문

감이 : 우와……

　　　 하얀 눈……

감이 : 오늘 산행길이 많이 미끄럽겠다.

감이 : 있잖아요[166], 우리 길손이 잘 보살펴 주세요[167].

　　　 아시죠? 우리 길손이 착한 거……

　　　 제가 없어도 말썽 안 부리고[168] 잘 지낼 수 있도록[169]

　　　 지켜봐 주세요……꼭이에요……

　　　 아야……너무 가까이 왔네. 죄송합니다.

하얀눈 ― 白雪, 산행길 ― 山路、上山的路, 미끄럽다 ― 滑,
보살피다 ― 照顾, 착하다 ― 善良, 지켜보다 ― 照看、观察
가까이 ― 近

166. 있잖아요 这个……

여기서 '있잖아요'는 말을 꺼내기 거북할 때, 혹은 생각이 잘 나지 않을 때 습관적으로 쓰는 말이다.

这里的 '있잖아요(这个)'是说话不方便时或者某种事情想不起来时, 习惯用语。

167. 보살펴 주세요 请照顾

「동」 '보살피다'에 '－아 주다'가 연결된 형태.

「动」 '보살피다(照顾)' + '－아 주다'。

168. 말썽 안 부리다 不闯祸

「동」 '(말썽을) 부리다'에 부정형태 '안－'이 연결되어 '말썽(을) 안 부리다'가 되었다. '말썽(을) 피우다'의 형태로도 쓰인다.

「动」 '(말썽을) 부리다(闯祸)' + '안－'否定。有时可以用 '말썽(을) 피우다'的形态。

169. 지낼 수 있도록 使……能生活

「동」 '지내다'에 가능을 나타내는 '－ㄹ 수 있다'가 연결되었다. 이 형태에 사동을 나타내는 '－도록'이 연결된 형태.

「动」 '지내다(生活)' + 表示能／可能的 '－ㄹ 수 있다'。'지낼 수 있다' + 表示使动 '－도록'。

한걸음 더

1. 감이가 기도한 내용을 쓰십시오.

정답

1. 길손이가 말썽 안 부리고 잘 지낼 수 있게 해 달라는 기도

스님1 : 길손이 너 정말 따라 나설 거야[170]?

길손 : 아이 답답해. 하나 둘 셋 여섯 아홉……

　　　　하여간 일곱 번도 넘게 말했을 거야.

스님1 : 하하하, 녀석.

길손 : 그러니까 내 말은……

스님2 : 인석아[171], 말썽도 많은 놈이 말도 많네.

　　　　자자, 내 모자 쓰고 가. 선물이다.

길손 : 헤헤……고마워 아저씨……따뜻하네.

　　　　누나~

감이 : 어 , 어?

단어

따라나서다 － 跟着去,　답답하다 － 闷,　하여간 － 反正,　선물 － 礼物,
따뜻하다 － 暖和

170. 따라 나설 거야? 要一起去吗?

‘따라 갈 거야?’의 뜻.

‘따라 갈 거야?(要跟着我去吗?)’的意思

171. 인석아 这小家伙

‘이 녀석아’의 뜻.

‘이 녀석아(这小家伙)’的意思。

> **한걸음더**
>
> 1. 길손이는 누구를 따라 어디에 갑니까?
> 2. ‘스님2’는 길손에게 무엇을 선물했습니까?

1. 스님을 따라 관음암에 감   2. 자신이 쓰던 모자

길손 : 누나, 댕기가 없네?

감이 : 누나도 선물이 있단다.

길손 : 뭐~?

감이 : 뭘까?

길손 : 누나 댕기잖아.

감이 : 응, 알지? 누나가 제일 좋아하는 거.

길손 : 응. 다녀올게, 누나. 자. 나두 선물.
　　　이제부터 바람이가 누나 산보 갈 때 같이 갈 거야.
　　　바람이 너 감이누나 산보 잘 시켜줘야 돼[172].
　　　말썽 피우지 말구[173]!

스님2 : 아이고~ 사돈 남 말 하네[174]~. 너나 잘 해.

스님1 : 하하!

길손 : 사돈? 사돈이 누군데?

스님2 : 사돈?

길손 : 어, 누군데~

단어

댕기 － 头绳, 산보 － 散步, 사돈 － 亲家

172. 산보 잘 시켜줘야 돼 让(她)好好地散步

‘산보(를) 시켜주다’에 부사 ‘잘’이 쓰인 형태. 이 형태에 마땅히 그러해야 함을 나타내는 ‘−아야 되다’가 연결되었다.

‘산보(를) 시켜주다(让……散步)’ + 副词 ‘잘好好’. ‘산보(를) 잘 시켜주다’ + 表示该那样做的 ‘−아야 되다’.

173. 말썽 피우지 말구 不要闯祸

‘말썽(을) 피우다’에 금지를 나타내는 ‘−지 말다’가 연결된 형태.

‘말썽(을) 피우다(闯祸)’ + 表示禁止的 ‘−지 말다(不要)’.

174. 사돈 남 말하네 多管闲事、彼此彼此

자기 일은 젖혀 놓고, 남의 일에만 참견함을 이르는 말.

∴ 피차일반이라는 의미로도 많이 쓰인다.

这句话的意思是不做自己的事情, 只管别人的事。∴ 多用于 ‘彼此彼此’的意思。

原来 ‘사돈’是亲家的意思, 但在本文里翻译成 ‘彼此’.

한걸음 더

1. ‘사돈 남 말 한다’의 의미를 쓰십시오.
2. 감이는 길손이에게 무엇을 선물했습니까?
3. 길손은 감이에게 무엇을 선물했습니까?

---

1. 자기일은 하지 않고, 남의 일에만 참견하는 사람을 이르는 말
2. 옛날에 엄마가 만들어준 댕기 3. 바람이(강아지)

스님2 : 있어, 넌 몰라도 돼[175].

길손 : 누구야, 누구~

　　　　말해 줘라[176], 아저씨~~응?

스님2 : 아이고~

길손 : 사돈이 누구냐니까[177]~말해 줘요~.

스님2 : 안보여~

스님1 : 감이야.

감이 : 네, 스님…… 조심히 다녀오세요.

스님1 : 그래. 길손이 너무 걱정하지 말거라[178]. 알았지?

감이 : 네

단어

걱정하다 ― 担心

175. 몰라도 돼 不必知道 / 不需要知道

'몰라도 괜찮다'의 뜻.

'몰라도 괜찮다(不知道也没关系)'的意思。

176. 말해 줘라 告诉我吧

'말해 주다'에 명령을 나타내는 '-어라'가 연결된 형태.

'말해 주다(告诉)'＋表示命令的 '-어라'

177. 누구냐니까? 到底是谁啊?

「명」'누구'에 '-(이)냐니까'가 연결된 형태. 이 '-(이)냐니까'는 앞서 물어 본 내용을 다시 한 번 다그쳐 물어 보는 뜻을 나타낸다.

「名」'누구'＋'-(이)냐니까'。这里的 '-(이)냐니까'再次催问的意思。

　　예) 수박이냐니까? / 내일이 시험이냐니까?

178. 걱정하지 말거라 不要担心

「동」'걱정하다'에 금지를 나타내는 '-지 말다'가 연결된 형태. 이 형태에 명령을 나타내는 '-거라'가 연결되었다.

「动」'걱정하다(担心)'＋表示禁止的 '-지 말다'。'걱정하지 말다'＋表示命令的 '-거라'。

한걸음 더

1. '사돈'을 중국어로 나타내십시오.

정답

1. '親家'

스님1 : 그럼 다녀오마[179].

감이 : 저, 스님.

스님1 : 음? 아니, 왜 그러느냐, 감이야?

감이 : 저기…… 이거……

　　　 잘 못 만들었지만……

　　　 저번에 길손이가 스님 염주를 망가뜨려서[180] 죄송합
　　　 니다.

스님1 : 아니, 이걸 네가 엮은 게냐?

　　　 아~ 정말 고맙구나, 감이야.

단어

염주 – 念珠, 엮다 – 穿

179. 다녀오마 我走了

'갔다 올게'의 뜻.

'갔다 올게(去了回来)'的意思。

180. 망가뜨려서 因为弄坏了

「동」'망가뜨리다'에 원인이나 이유를 나타내는 '-아서'가 연결된 형태.

「动」'망가뜨리다(弄坏)' + 表示原因或者理由的 '-아서'。

한걸음 더

1. 감이가 스님한테 준 것은 무엇입니까?

2. 감이는 스님에게 왜 죄송하다고 말했습니까?

정답

1. 감이가 직접 엮은 염주   2. 길손이가 염주를 망가뜨려서

길손 : 빨리 내려 줘~ 가야 한단 말야.~

스님2 : 에이, 그래, 어여 가거라.

길손 : 누나~~이히~

　　　갔다 올게~안녕~

　　　안녕~누나~

스님2 : 에이 날씨 춥다.

　　　에이, 감이야. 이제 그만 들어가자. 춥다.

감이 : 아직이요[181]. 길손이가 저렇게 계속 손을 흔들고 있

　　　잖아요.

스님2 : 으응?

감이 : (울지 마.)

단어

계속 — 継续, 손을 흔들다 — 招手,

181. 아직이요 还不行

여기에서는 '아직 안 돼요'의 뜻.

'아직 안 돼요(还不行)'的意思。

1. 스님2는 감이에게 왜 이제 그만 들어가자고 했습니까?

2. 감이는 왜 "아직이요"라고 했습니까?

1. 날씨가 추워서   2. 길손이가 자기를 돌아볼까봐

길손 : 아직 멀었어?

스님1 : 그래. 앞으로도 몇 고개는 더 가야 한단다.

길손 : 이렇게나 많이 왔는데?

스님1 : 하하. 오기야 많이 왔지[182].

　　　우리 길손이 힘든가 보네.

길손 : 나 굴러 갈래[183].

스님1 : 어? 야!야야야야 길손아~

　　　길손아~

　　　아이참..아이..

단어

멀다 － 远, 고개 － 山岭、坎儿, 더 － 还、再, 힘들다 － 累

182. 오기야 많이 왔지 虽然走远了

‘많이 오기는 했지만’의 뜻. ‘－기야 －지요’는 물론 그러하다고 앞의 사실을 시인하지만 뒷절에는 기대한 것과 다른 어떤 것이 있음을 뜻한다.

‘많이 오기는 했지만(走了很远了, 可是)’的意思. ‘－기야－지요’表示虽然承认前小句的事实, 但是后小句有和期望不一样的事实。

예) 그 여자가 예쁘기야 예쁘지요. 그러나 성격이 좀…….

　　먹기야 많이 먹었지요. 그런데 맛이 좀……

183. 굴러 갈래 要轂辘去

「동」‘구르다’, ‘굴러 갈 거야’의 뜻.

「动」是 ‘구르다(轂辘)’, ‘굴러 갈 거야(要轂辘去)’的意思。

한걸음 더

1. 스님과 길손이는 어디에 갑니까?

2. 스님이 ‘오기야 많이 왔지’라고 말한 까닭은 무엇입니까?

3. 길손이가 ‘굴러 갈래’라고 한 까닭을 쓰십시오.

정답

1. 관음암 2. 아직도 가야할 길이 많이 남았기 때문 3. 걸어가기가 너무 힘들어서

스님1 : 그래, 우리 길손이 암자에 가면 무슨 공부를 할까?

　　　　글을 한번 배워 볼까?

길손 : 그런 건 시시해.

스님1 : 그럼?

길손 : 눈을 감고도 다 볼 수 있는 그런 공부를 할 거야.

　　　　그래서 감이누나한테 알려줘야지~

　　　　저렇게 파란 하늘이랑~

　　　　새랑……나무랑..하얀 눈도 볼 수 있잖아~

　　　　어, 저기 산양도 볼 수 있으면 좋겠다[184], 응?

스님1 : 허허 고 녀석 참..

　　　　어엇 차가워 이 녀석아~!

암자 – 庙、庵, 글 – 文字、文章, 시시하다 – 没好气、无聊、没意思
감다 – 闭, 알리다 – 告诉, 파란하늘 – 蓝天, 하얀눈 – 白雪, 산양 – 山羊

184. 볼 수 있으면 좋겠다 要是能看见该多好啊!

「동」'보다'에 가능을 나타내는 '-ㄹ 수 있다'가 연결되었다. 이 형태에 말하는 이의 바람을 나타내는 '-(으)면 좋겠다'가 연결된 형태.

「动」'보다(看)' + 表示能／可能的 '-ㄹ 수 있다'. '볼 수 있다' + 表示说话者的期望的 '-(으)면 좋겠다'.

한걸음 더

1. 길손이가 암자에 가서 하고 싶은 공부는 어떤 공부입니까?

2. 길손이는 왜 눈을 감고도 볼 수 있는 공부를 하고 싶어합니까?

3. '저렇게'를 소리나는대로 쓰십시오.

4. '새랑 나무랑'에서 '랑'은 무슨 뜻입니까?

1. 눈을 감고도 볼 수 있는 공부 2. 감이 누나에게 가르쳐 주어서, 누나가 모든 것을 볼 수 있도록 해주고 싶어서 3. 저러케 4. ~하고, ~와/과

길손 : 이제 내려 줘.

길손 : 아저씨 저 새는 이름이 뭐야?

스님1 : 어? 아~ 개똥지빠귀로구나~

길손 : 아 그렇구나~

누나, 저 새는 이름이 개똥지빠귀래.

웃기지? 히히

근데 노랫소리는 참 슬프다. 그치?

누나, 꽃이 피었다~겨울인데 말야~

병아리 가슴 털같이 뽀송뽀송 털이 났어~

저기 저 돌부처님이 입김으로 키우셨나 보다[185].

그치?

차갑다 － 凉, 개똥지빠귀 － 斑鸫, 웃기다 － 好笑、可笑, 슬프다 － 悲伤
(꽃이) 피다 － 开(花), 병아리 － 小鸡, 가슴 － 前胸、胸部, 털 － 毛
뽀송뽀송 － 松松软软, 돌부처 － 石佛像, 입김 － 哈气, 키우다 － 养

185. 키우셨나 보다 可能是他养的

「동」 '키우다'에 존대를 나타내는 '-시'의 과거형 '-셨'이 쓰인 형태. 이 형태에 짐작을 나타내는 '-나 보다'가 연결되었다.

「动」 '키우다(养)' + 表示尊敬的 '-시'的过去形 '-셨'。 '키우셨다' + 表示猜想说的 '-나 보다'。

한걸음 더

1. 스님과 길손이가 본 새의 이름은 무엇입니까?

2. 길손이는 어떻게 겨울에 꽃이 피었다고 생각했습니까?

3. 길손이는 겨울에 핀 꽃을 보고 어떻게 묘사했습니까?

정답

1. 개똥지빠귀   2. 돌부처의 입김으로 꽃이 자랐다고 생각함
3. 병아리 가슴털같이 뽀송뽀송한 털이 나 있다고 함

길손 : 어? 우와아~~

아냐아냐~

너희들이랑 살려고 왔어, 달아나지 마[186]~!

스님1 : 아이 녀석 참.

길손 : 도망가지 말라니깐~!

단어

달아나다 ― 跑, 도망가다 ― 逃跑

186. 달아나지 마 別跑

「동」 '달아나다'에 금지를 나타내는 '−지 말다'가 연결된 형태.

「动」 '달아나다(跑)' + 表示禁止的 '−지 말다'。

한걸음 더

1. 스님과 길손이는 어디에 왔습니까?

2. '달아나지'를 소리나는대로 쓰십시오.

정답

1. 관음암   2. 다라나지

스님1 : 힘들었지? 너한테는 먼 길이였을 텐데[187].

　　　　 이제 그만 자거라.

　　　　 난 법당에서 철야정진을 해야 돼.

　　　　 혼자 잘 수 있지?

길손 : 응.

스님1 : 자~ 군불을 때어놨으니까[188]

　　　　 아침까지 뜨끈뜨끈 할 거다. 따뜻하지?

길손 : 응. 불 끄지 마……

스님1 : 응?

길손 : 무서워……

스님1 : 흐흐……녀석……알았다 편히 자라, 길손아~

단어

힘들다 － 累、吃力, 먼길 － 远路, 그만 － 停止, 법당 － 佛堂,

철야정진 － 彻夜参禅, 군불(을) 때다 － 烧炕, 뜨끈뜨끈 － 热乎乎

불(을) 끄다 － 吹灯、关灯, 녀석 － 小家伙

187. 먼 길이었을 텐데 可能是很远的路

'먼 길이다'에 추측을 나타내는 '-(으)ㄹ 텐데'가 연결된 형태.

'먼 길이다(是很远的路)' + 表示推测的 '-(으)ㄹ 텐데'。

188. 때어놨으니까 已经开始烧了

「동」 '때다'에 상태의 지속을 나타내는 '-아 놓다'가 연결되어 '때어 놓다'가 되었다. 이 형태에 원인이나 이유를 나타내는 '-(으)니까'가 연결되었다.

「动」 '때다(烧)' + 表示状态持续的 '-아 놓다'。 '때어 놓다' + 表示原因或者理由的 '-(으)니까'。

한걸음 더

1. 길손이는 왜 혼자 자야 합니까?
2. 길손이는 왜 불을 끄지 말라고 했습니까?
3. '군불'의 의미를 쓰십시오.

---

1. 스님은 법당에서 철야정진해야 하기 때문 2. 무서우니까
3. 방을 따뜻하게 하기 위해 때는 불

나뭇잎 배

낮에 놀다 두고 온 나뭇잎배는
엄마 곁에 누워도 생각이 나요
푸른 달과 흰 구름 둥실 떠가는
연못에서 살짝 떠다니겠지

躺在妈妈的身边
想起了白天玩的树叶船
蓝蓝的月亮和白色的云飘在荷塘上,
树叶船也许一起飘

오세암 Part 4

길손 : 으아앙……. (울음소리)

스님1 : 어어?

길손 : 으아앙…… (울음소리)

스님1 : 어, 일어났구나[189].

　　　 허 녀석

　　　 고단했을 텐데[190] 일찍 일어났네.

　　　 자, 세수하고 아침 먹자[191].

길손 : 어?

단어

고단하다 ― 累、疲劳,　아침 ― 早饭

189. 일어났구나 起来了！

「동」‘일어나다’에 감탄의 의미를 나타내는 ‘–구나’가 연결된 형태.

「动」‘일어나다(起来)’＋表示感叹的意思 ‘–구나’。

190. 고단했을 텐데 可能很累

「형」‘고단하다’에 추측을 나타내는 ‘–(으)ㄹ 텐데’가 연결된 형태.

「形」‘고단하다(累)’＋表示推测的 ‘–(으)ㄹ 텐데’。

191. 먹자 吃吧

「동」‘먹다’에 권유를 나타내는 ‘–자’가 연결된 형태.

「动」‘먹다(吃)’＋表示劝说的 ‘–자’。

예) 같이 영화 보러 가자. / 오늘 저녁에 차 한 잔 하자.

한걸음 더

1. 스님은 왜 길손이가 고단했을 거라고 생각했습니까?

정답

1. 험한 산행을 했기 때문

스님1 : 길손아~ 세수~

길손 : 앗, 차거~ 아저씨, 다 씻었어~

스님1 : 어 그래?

　　　　근데 왜 씻는 소리가 안 들렸지[192]?

길손 : 자, 봐~ 눈꼽 없지, 없지?

스님1 : 허허허. 요 입가에 침 흘린 자국은 있는데?

　　　　허허허 녀석……됐다, 됐어. 들어가자.

길손 : 나 밥 많~이 줄 거지?

스님1 : 오냐~그래[193], 알았으니까[194] 방에 들어가 있어~

길손 : 으쌰. 에잇. 가자~! 토끼 잡으러~

　　　　내일은 꼭 잡을 거야.

단어

앗차거 — 真凉啊 들리다 — 听见, 눈꼽 — 眼屎, 요 — 这, 입가 — 嘴角
침 — 口水, 흘리다 — 流, 자국 — 痕迹, 토끼 — 兔子, 잡다 — 抓

192. 안 들렸지? 没听见呢?

「동」 '듣다'의 피동형 '들리다'에 '안-'부정형이 연결된 형태.

「动」 '듣다(听)'的被动形 '들리다听见' + '안-'否定。

193. 오냐, 그래 好的, 好的

이 '오냐'는 아랫사람의 물음이나 청원에 대하여 승낙이나 동의를 나타내는 말이다. 여기서는 '그래 알았다'의 뜻.

这 '오냐'对晚辈的提问或者请求, 表示答应或者同意的词语。

194. 알았으니까 知道了, 所以

「동」 '알다'에 '-(으)니까'가 연결된 형태. 여기서 '-(으)니까'는 장차 하려는 말에 대해 먼저 이유나 원인·전제·근거 등을 나타낸다.

「动」 '알다(知道)' + '-(으)니까'。 这里的 '-(으)니까'对将要说的 话, 首先表示理由、原因、前提和根据什么的。

예) 너 밥 다 먹었으니까, 나가 놀아라.

한걸음 더

1. 스님이 길손이의 세수하는 소리를 듣지 못한 이유는 무엇입니까?

2. 스님이 길손이 입가에 침 흘린 자국이 있다고 말한 이유는 무엇입니까?

1. 실제로 세수를 하지 않았기 때문
2. 세수하지 않았음을 알고 있다는 뜻으로 한 말

길손 : 너~딱 걸렸어[195]~!

어, 어? 안 돼. 도망가지 마[196]~!

에잇!

아이쿠, 누구 없어요? 끼었어요[197]~!

길손 : 어~ 야~좀 놀자~

좋아, 나두 꼭대기까지 올라갈 수 있어[198].

헤헤, 더 이상 못 가지?

나는……나는……갈……수 있……어. 어~어~

으아아~?

새도 아닌 것이[199] ……

난 그냥 같이 친하구 싶은 건데……

꼭대기 ─ 最上边、树颠, 친하다 ─ 亲密

195. 너, 딱 걸렸어 你, 上钩了, 正好

‘마침 잘 됐어’의 뜻.

‘마침 잘 됐어(正好)’的意思。

196. 도망가지 마 别跑

「동」‘도망가다’에 금지를 나타내는 ‘-지 말다’가 연결된 형태.

「动」‘도망가다(跑)’ + 表示禁止的 ‘-지 말다’。

197. 끼였어요 被卡住了

‘끼였어요’는 ‘끼어 있어요’의 의미.

「동」‘끼다’에 상태가 지속됨을 나타내는 ‘-아 있다’가 연결된 형태.

‘끼였어요’는 ‘끼어 있어요’的意思。

「动」‘끼다(卡)’ + 表示某种状态的持续 ‘-아 있다’。

198. 올라갈 수 있어 能上去

「동」‘올라가다’에 능력을 나타내는 ‘-ㄹ 수 있다’가 연결된 형태.

「动」‘올라가다(上去)’ + 表示能 / 可能的 ‘-ㄹ 수 있다’。

한걸음 더

1. ‘딱 걸렸어’의 의미를 쓰십시오.
2. 길손이가 무엇을 보고 ‘새도 아닌 것이’라고 말했습니까?
3. ‘새도 아닌 것이’라고 말한 까닭은 무엇입니까?

1. ‘마침 잘 됐다’는 뜻 2. 다람쥐 3. 새도 아니면서 새가 날아다니는 것처럼 빠르게 이 나무에서 저 나무로 옮겨 다닌다는 뜻

길손 : 아저씨, 스님! 나하고 좀 놀자.

　　　앉아 있기만 하면[200] 뭐 해?

　　　벽에 뭐가 있어?

　　　벽만 보고 있을 거면 뭐 하러 여기까지 왔어?

　　　크흐흑…… 큰 절에도 벽이 얼마나 많은데…….

길손 : 누나 흰 구름이 가 버렸어[201].

　　　그 녀석도 심심했나 봐[202].

　　　오면 혼내줄 거야.

단어

벽 - 墙, 큰 절 - 大庙, 흰구름 - 白云, 혼내주다 - 教训、整治

199. 아닌 것이 又不是……的

「형」 '아니다'에 명사 '것'이 연결된 형태.

「形」 '아니다(不是)' + 名词 '것(的)'.

200. 앉아있기만 하면 光坐着

「동」 '앉다'에 상태의 지속을 나타내는 '—아 있다'가 연결되어 '앉아 있다'가 되었다. 이 형태에 '—기만 하다'가 연결되었다. 여기서 '—기만 하다'는 '오로지 그것만 하다'의 뜻을 나타낸다.

「动」 '앉다(坐)' + 表示状态的持续 '—아 있다'. '앉아있다' + '—기만 하다'. 这里的 '—기만 하다' 意味着 '오로지 그것만 하다(只做那个)'.

201. 가 버렸어 走了

「동」 '가다'에 '—아 버리다'가 연결된 형태. 이 '—아 버리다'는 동작을 완료하는 데서 오는 말하는 이의 기분, 시원하다든가, 섭섭하다든가 하는 감정을 나타낸다.

「动」 '가다(走)' + '—아 버리다'. 这里的 '—아 버리다' 表示说话者动作完了时的心情, 例如宽松、可惜的感觉.

예) 나쁜 기억은 모두 잊어버리세요. / 그 사람이 떠나 버렸어요.

202. 심심했나 봐 好像很无聊

「형」 '심심하다'에 짐작을 나타내는 '—나 보다'가 연결된 형태.

「形」 '심심하다(无聊)' + 表示推测的 '—나 보다'.

(노래) : ♪～ 낮에 놀다 두고 온 나뭇잎배는～

　　　　엄마 곁에 누워도 생각이 나요～

　　　　푸른 달과 흰구름 두웅실 떠가는～

　　　　연못에서 사알짝 떠다～니겠～지～♬

스님1 : 눈이 더 오기 전에[203] 내일은 미리 다녀와야겠구나[204].

　　　　으응?

　　　　흠흠..누가 다듬다 말았군[205].

낮 － 白天, 두다 － 放、留, 나뭇잎배 － 树叶船, 곁에 － 身边、旁边
눕다 － 躺, 푸른달 － 蓝蓝的月亮, 두웅실 떠가다 － 飘飘悠悠 飘去
연못 － 荷塘、莲池, 살짝 － 悄悄地、轻轻地. 떠다니다 － 浮沉,
미리 － 事先、提前

203. (눈이)오기 전에 下雪之前

「동」 ‘오다’에 앞섬을 나타내는 ‘−기 전에’가 연결된 형태.

「动」 ‘오다(下)’ + ‘−기 전에(之前)’。

204. 다녀와야겠구나 得出去一趟

「동」 ‘다녀오다’에 ‘−아야겠−’이 연결된 형태. ‘−아야겠−’은 마땅히 그래야 할 일에 대한 말하는 이의 의지를 나타낸다.

「动」 ‘다녀오다(去了又回来)’ + ‘−아야겠−’。 ‘−아야겠−’表示说话人以为应该……。

205. 다듬다 말았군 没刻完

‘다듬다가 그만두다 ’, ‘완성되지 않았다’의 뜻.

‘다듬다가 그만두다(中断雕刻)’、‘완성되지 않았다(没有完成)’的意思。

한걸음 더

> 1. 이 노래의 제목은 무엇입니까?

스님1 : 허허, 길손이랑 닮았는 걸.

　　　　어? 녀석 방에 있었네.

　　　　길손아~길손아~? 아저씨하구……어?

　　　　야, 인석아. 너 지금 벽 보고 뭐하고 있는 거냐?

길손 : 공부

스님1 : 공부?

스님1 : 아저씨랑 좀 놀까?

　　　　재밌는 놀이인데.

　　　　할 수 없지 뭐[206]. 아저씨도 공부나[207] 해야겠다.

단어

닮다 — 像,

206. 할 수 없지 뭐 不行就算了

‘어쩔 수 없다’, ‘방법이 없다’는 뜻.

‘어쩔 수 없다(不得不、只好)’、‘방법이 없다(没有方法)’的意思。

207. 공부나 也要学习

「명」 ‘공부’에 ‘-(이)나’가 연결되었다. 이 ‘-(이)나’는 행동의 목적을 나타내는 말에 붙어 ‘-가 아주 내키지는 않지만’, ‘-라도 괜찮으니’의 뜻을 나타낸다.

「名」 ‘공부(学习)’ + ‘-(이)나’。这里的 ‘-(이)나’加在表示行动的目的的词语后面, 表示 ‘-가 아주 내키지는 않지만(虽然不太愿意)’、‘-라도 괜찮으니(也没关系’的意思)。

예) 심심한데 영화나 보러갑시다. / 잠이나 자야지.

한걸음 더

1. 길손이가 스님한테 ‘앉아 있기만 하면 뭐 해?’라고 말한 까닭을 쓰십시오.

2. 길손이는 왜 벽을 보고 앉아 있습니까?

정답

1. 심심해서 스님과 같이 놀고 싶어서 한 말
2. 스님이 같이 놀아주지 않아서 화가 났다는 뜻으로 한 행동

길손 : 아저씨, 이히히히……

길손 : 이야~~~~, 우후~~~, 하하하~~

스님1 : 이야~~~~

스님1 : 길손아, 봐라~

　　　　이게 바로 춤추는 눈썰매라는 거다[208]~

길손 : 우와~ 아저씨~너무 멋있다~!

스님1 : 아이쿠

눈썰매 — 雪撬, 타다 — 滑(雪撬)

208. 눈썰매라는 거다 叫做雪撬

「명」 '눈썰매'에 '–(이)라는'이 연결되었다. 이 '–(이)라는'은 어떤 대상을 특별히 집어서 드러냄을 나타낸다.

「名」 '눈썰매(雪撬)' + '–(이)라는叫做'。这里的 '–(이)라는' 表示特意指出某一种对象。

예) 이 사람이 바로 이민수라는 친구입니다. / 도시라는 데가 이럴 줄 몰랐다.

한걸음 더

1. 스님과 길손이는 무엇을 하고 있습니까?
2. '멋있다'를 소리나는대로 쓰십시오.

---

1. 눈썰매를 타고 있다   2. 〔머시따〕/〔머디따〕

길손 : 내일 또 타자, 눈썰매~?

스님1 : 녀석 알았다.

　　　　하지만 내일은 너 혼자 있어야 될 거야[209].

길손 : 왜?

스님1 : 응. 눈이 더 오기 전에 장터에 좀 다녀와야 될 것

　　　　같아서[210].

길손 : 뭐 하러?

스님1 : 이것저것 구해올 것[211]이 많단다.

길손 : 싫어…… 혼잔 무섭단 말아[212]……

장터 ― 集市, 다녀오다 ― 去了回来

209. (혼자) 있어야 될 거야 要一个人在

「동」 '있다'에 마땅히 그러해야 함을 나타내는 '-아야 되다'가 연결된 형태. 이 형태에 추측을 나타내는 '-ㄹ 거야'가 연결되었다.

「动」 '있다在' + 表示应该那样做的 '-아야 되다'. '있어야 되다' + 表示推测的 '-ㄹ 거야'.

210. 다녀와야 될 것 같아서 好像得去一趟

「동」 '다녀오다'에 마땅히 그렇게 해야 됨을 나타내는 '-아 되다'가 연결되어 '다녀와야 되다'가 되었다. 이 형태에 추측을 나타내는 '-(으)ㄹ 것 같다'가 연결되었다. 이 형태에 다시 원인을 나타내는 '-아서'가 연결되었다.

「动」 '다녀오다' + 表示应该那样做的 '-아 되다'. '다녀와야 되다' + 表示推测的 '-(으)ㄹ 것 같다'. '다녀와야 될 것 같다' + 表示原因的 '-아서'.

211. 구해올 것 要买的东西

「동」 '구하다', '사와야 할 것'의 뜻.

「动」 '구하다(求购)'. '사와야 할 것(要买来的东西'的意思).

한걸음 더

1. 길손이는 왜 혼자있어야 합니까?
2. 스님은 눈이 오기 전에 어디를 다녀와야 한다고 했습니까?
3. 본문의 '구해올 것'을 다른 말로 나타내십시오.

1. 스님이 장에 다녀와야 하기 때문에　2. 장터　3. '사올 것' * 기본형 '사다'

길손 : 싫어…… 혼잔 무섭단 말야[212]……

스님1 : 무섭긴……부처님도 계시고 관세음보살님도 계신
　　　데……

길손 : 금방 갔다 오는 거야?

스님1 : 그럼……금방 다녀오지……

　　　길손아 혼자 있을 때 무서우면

　　　관세음보살~관세음보살~하고 보살님을 찾아 봐.

길손 : 그럼 관세음보살님이 오셔?

스님1 : 하하 오구 말구[213]. 네가 마음을 다 해[214] 부르면
　　　꼭 오시지.

단어

싫다 － 不要, 관세음보살 － 观世音菩萨, 금방 － 马上, 마음 － 心
부르다 － 叫、喊

212. 무섭단 말이야 会害怕的

「형」 '무섭다'에 강조를 나타내는 '－단 말이다'가 연결된 형태.

「形」 '무섭다(害怕)' + 表示强调的 '－단 말이다'。

213. 오고 말고 当然来

'당연히 온다'는 뜻.

'당연히 온다(当然来)'的意思。

예) 되고 말고(당연히 된다) / 먹고 말고 (당연히 먹는다)

214. 마음을 다 하다 真心

'정성을 다 하다'의 뜻

'정성을 다 하다(真心诚意)'的意思。

한걸음 더

> 1. 스님은 길손이에게 무서우면 어떻게 하라고 말했습니까?

정답

1. 관세음보살을 찾으라고 함

길손 : 마음을 다 해 부르면? 그럼 엄마가 온단 말이지[215]?

스님1 : 하하하! 인석아 엄마가 아니구 관세음보살님이라니까[216]!

길손 : 아무튼~

길손 : 스님~ 잘 다녀오세요. 스님~
스님~ 빨리 오세요~

아무튼 — 无论如何

215. 온단 말이지? 说会来?

「동」 '오다'에 강조를 나타내는 '-ㄴ/단 말이다'가 연결된 형태.

「动」 '오다(来)' + 表示强调的 '-ㄴ/단 말이다'。

216. 관세음보살님이라니까! 是观世音菩萨!

'관세음보살님이다'에 강조를 나타내는 '-(이)라니까'가 연결된 형태.

'관세음보살님이다(是观世音菩萨) ' + 表示强调的 '-(이)라니까'。

한걸음 더

> 1. 길손이는 마음을 다 해 부르면 누가 온다고 생각했습니까?

---

1. 엄마

스님1 : 그곳은 문둥병에 걸린 스님이 묵고 있다가[217]
　　　　죽은 곳이야.

길손 : 누나, 방도 무섭게 생겼지?
　　　　문에 먼지가 가득해~
　　　　누나가 여기서 지키고 있을래[218]?
　　　　나 금방 들어갔다 나올게. 알았지?

스님1 : 그 방은 들어가지 마라[219]. 알았지?

길손 : 도, 도, 도, 도깨비다! 도깨비!

문둥병에 걸리다 － 得了麻疯病, 무섭다 － 害怕, 생기다 － 长
먼지 － 灰尘, 가득하다 － 满满

217. 묵고 있다가 住了一会儿, 然后……

「동」'묵다'에 상태의 지속을 나타내는 '-고 있다'가 연결된 형태. 이 형태에 행위의 전환을 나타내는 '-다가'가 연결되었다.

「动」'묵다(住)' + 表示状态持续的 '-고 있다'。'묵고 있다' + 表示行为转换的 '-다가'。

218. (여기서) 지키고 있을래? 能守在这里吗?

「동」'지키다'에 '-고 있다'가 연결되어 '지키고 있다'가 되었다. 이 형태에 '-(으)ㄹ 래'가 연결된 형태. 여기서 '-(으)ㄹ 래'는 상대방의 의사를 물어보는 뜻을 나타낸다.

「动」'지키다(守)' + '-고 있다'。'지키고 있다守着' + '-(으)ㄹ 래'。这里的 '-(으)ㄹ 래'表示问对方的想法。

예) 내일 학교에 같이 갈래? / 돈 만원만 빌려줄래?

219. 들어가지 마라 不准进

「동」'들어가다'에 금지를 나타내는 '-지 말다'가 연결되었다.

「动」'들어가다(进去)' + 表示禁止的 '-지 말다不准'。

한걸음더

1. 문둥병에 걸린 스님이 죽은 방은 어떤 모습입니까?
2. 문에 먼지가 가득하다는 말은 무슨 뜻입니까?
3. 길손이는 왜 '누나가 여기서 지키고 있을래?'라고 말했습니까?

1. 문에 먼지가 가득하고 무섭다 2. 오랫동안 아무도 들어가지 않았다는 뜻
3. 무서워서

길손 : 뭐야? 아무것도[220] 아니잖아.

어? 놀라셨죠?

안녕하세요! 저는 길손이에요.

보살님이시죠? 나 금방 알아요.~

그 꽃은 무슨 꽃이에요?

감이 누나만큼 예쁜 꽃이네요~

히히……너무 떠들었나요?

안녕히 계세요~

내일 또 놀러 와도 되나요?[221]

된다구요[222]? 그럼 내일 또 올게요.

문은 바로 해 놓을게요.히히~잘 안되네요.

안녕 보살님~

단어

놀라다 － 吓、吃惊, 만큼 － 跟……一样……、有……那么……
떠들다 － 吵闹

220. 아무것도 什么也

'어떤 것도'의 뜻. ∴ '아무것도' 뒤에는 항상 '부정'이 온다.

'어떤 것도(不论什)么'的意思。∴在 '아무것도(什么也)'的后面一定加否定。

예) 가게 안에는 아무것도 없었어요. / 어제는 아무것도 안 먹었어요.

221. 놀러 와도 되나요? 可以来玩吗?

'놀러오다'에 '-아도 되다'가 연결된 형태. 이 '-아도 되다'는 그럴지라도 괜찮다는 허락이나 허용을 나타낸다. ∴ 부정 표현은 '-(으)면 안 되다'이다.

'놀러오다(来玩)' + '-아도 되다'。这里的 '-아도'表示那样做也可以的允许或者容忍。∴ 否定表现是 '-(으)면 안 되다'。

예) 가: 화단에 들어가도 돼요?

　　나: 화단에 들어가면 안 돼요.

222. 된다구요? 是说可以吗?

「동」 '되다'에 '-는다고요?'가 연결된 형태. 여기서 '-는다고요'는 이미 들은 것을 다시 한 번 확인하듯이 질문함을 나타낸다.

「动」 '되다(可以)' + '-는다고요?'。这里的 '-는다고요'表示确认对方的话。

예) 내일 다시 온다고요? / 오늘 학교에 안 간다고요?

한걸음 더

1. 길손이는 왜 스님이 들어가지 말라고 한 그 방에 들어갔습니까?

2. 길손이가 관세음보살이 손에 들고 있는 꽃을 보고 '누나만큼 예쁜 꽃이네요'라고 말한 까닭은 무엇입니까?

정답

1. 혼자 있기도 심심하고, 무서워서 관세음보살도 찾기 위해서
2. 길손이 마음에는 누나가 가장 예쁜 사람이기 때문

（사람들 웅성거리는 소리. 장사하는 소리）

절 아주머니: 참 곱다~

상인 : 서두르셔야겠습니다[223], 스님.
큰 눈이 오겠는데요[224].

단어

웅성거리다 － 乱哄哄, 장사하다 － 买卖、做生意, 곱다 － 漂亮,
큰 눈 － 大雪

223. 서두르셔야겠습니다 得快一点了

「동」 '서두르다'에 존대의 '-시'가 쓰여서 '서두르시다'가 되었다. 이 형태에 말하는 이의 의지를 나타내는 '-아야겠-'이 연결되었다.

「动」 '서두르다赶快' + 尊敬语 '-시'. '서두르시다' + 表示说话人以为应该……'-아야겠-'.

224. 큰 눈이 오겠는데요 快要下大雪了。

「동」 '오다'에 추측을 나타내는 '-겠'이 쓰였다.

「动」 '오다下' + 表示推测的 '-겠'.

한걸음 더

1. 본문의 '사람들이 웅성거리는 소리'가 나는 곳은 어디입니까?

2. 상인이 스님한테 서두르라고 한 까닭은 무엇입니까?

정답

1. 장터(시장)   2. 큰 눈이 올 것 같기 때문

（눈보라 소리）

스님1 : 어어어~

　　　　안 돼. 길손이가 혼자 있어. 금방 간다, 길손아.

　　　　조금만……조금만……더……

　　　　어어~으아아악~~!

길손 : 스님, 잘 다녀 오세요~

　　　　스님, 빨리 오세요~

스님1 : 이러면 안 되는데……길손아……으윽……

단어

눈보라 － 暴风雪

한걸음 더

1. '눈보라'는 무슨 뜻입니까?

2. '금방간다'에서 '금방'과 바꿔쓸수 있는 말은 무엇입니까?

1. 바람에 불려 몰아치는 눈 2. 곧

길손 : 아직 안 왔네.

　　　이제 방이 깨끗하죠? 군불도 넣었어요.

　　　오늘은 눈이 엄청 많이 왔어요.

　　　그래서 스님 아저씨가 늦나 봐요.[225]

　　　어제는 혼자 잤어요. 무서웠냐구요?[226]

　　　히히히~ 조금요.

　　　그래두 울진 않았어요.

　　　여기서 혼자 계셨어요?

　　　이젠 내가 자주 놀러 올게요~

　　　잠깐만요~

　　　따뜻하죠?

단어

군불(을) 넣다 / 때다 － 烧炕, 엄청 － 巨大, 자주 － 常常, 잠깐만요 － 等一

225. 늦나 봐요 可能会晚一点了

「형」'늦다'에 짐작을 나타내는 '−나 보다'가 연결된 형태.

「形」'늦다(晚)' + 表示猜想的 '−나 보다(可能会)'。

226. 무서웠냐구요? 问我害怕吗?

「형」'무섭다'에 '−냐고요'가 연결된 형태. 여기서 '−냐고요'는 앞서 질문한 내용에 대해 다시 물어 보는 뜻을 나타낸다. 이때는 억양을 올려야 한다.

「形」'무섭다(害怕)' + '−냐고요'。这里的 '−냐고요'表示对以前问过的内容重复提问。用升调。

예) 가: 너 왜 그러니?

나: 내가 왜 그러냐고요? 그걸 몰라서 물어요?

한걸음 더

1. 관세음보살이 있는 방은 왜 깨끗하고, 따뜻해 졌습니까?

2. 길손이는 왜 스님이 늦다고 생각했습니까?

정답

1. 길손이가 청소도 하고, 군불도 넣었기 때문 2. 눈이 많이 내렸기 때문에

길손 : 나는요~

스님 아저씨랑 공부하러 왔어요.

무슨 공부냐구요?

눈을 감고도 볼 수 있는 공부예요.

감이누나한테 알려주려구요.

왜냐하면……엄마 찾으러 갈 거거든요[227].

난……엄마 얼굴을 몰라요.

기억이 안 나거든요[228].

감이 누난 알아요.. 맨날 엄마 꿈꾸니까요[229].

단어

눈(을) 감다 － 闭上眼睛, 기억 － 记忆, 맨날 － 每天, 꿈(을) 꾸다 － 做梦

227. 갈 거거든요 因为要去

「동」 '가다'의 미래형 '갈 것이다'에 '-거든요'가 연결되었다. 이 '-거든요'는 상대방의 말에 대해 왜 그렇게 했는지 까닭을 밝힘을 나타낸다. 이때는 '-기 때문이다'의 뜻이다.

「动」'가다(去)'的未来形'갈 것이다' + '-거든요'。这里的'-거든요'表示对对方说的话阐明理由。 这时'-기 때문이다(因为)'的意思。

　　예) 가 : 왜 과일을 그렇게 많이 샀어요?

　　　　나 : 저녁에 손님이 오실 거거든요.

228. 기억이 안 나거든요 想不出来

「동」 '(기억이)나다'에 '안-'부정이 연결되어 '기억이 안 나다'가 되었다. 이 형태에 '-거든요'가 연결된 형태.

「动」'(기억<记忆>이)나다(想出来)' + '안-'否定。'기억이 안 나다' + '-거든요'。

229. (꿈을) 꾸니까요 因为做梦

「동」 '(꿈을)꾸다'에 원인이나 이유를 나타내는 '-(으)니까'가 연결된 형태.

「动」'(꿈<梦>을)꾸다(做)' + 表示原因或者理由的 '-(으)니까'。

한걸음 더

1. 길손이가 하고 싶은 공부는 어떤 공부입니까?

2. 길손이는 왜 그런 공부를 하려고 합니까?

정답

1. 눈을 감고도 볼 수 있는 공부   2. 누나한테 알려주려고

길손 : 하지만……감이누난 볼 수 없잖아요.

엄마를 만나고도 알아보지 못하면 어떡하죠?

그래서……눈을 감고도 볼 수 있는……그런……

어, 엄마?

엄마라고 불러도 돼요[230]?

스님 아저씨 오나[231] 나가봐야겠어요[232]……

내일 또 올게요……엄마……

스님1 : 길손아……

남자 : 스님……스님……

스님1 : 내가 간다……길손아……

남자 : 에휴……벌써 이틀째인데……큰일일세……

알아보다 — 认出, 벌써 — 已经, 이틀째 — 两天
큰일이다 — 怎么办、可了不得了

230. 불러도 돼요? 能叫……吗?

「동」'부르다'에 허락이나 허용을 나타내는 '—아도 되다'가 연결된 형태.

「动」'부르다(叫)' + 表示允许或者容忍的 '—아도 되다(能、可以)'。

231. 오나 来不来

'오는지'의 뜻이다.

'오는지(来不来)'的意思。

232. 나가 봐야겠어요 得出去

「동」'나가다'에 시도를 나타내는 '—아 보다'가 연결되어 '나가 보다'가 되었다. 이 형태에 말하는 이의 의지를 나타내는 '—아야겠—'이 연결된 형태.

「动」'나가다(出去)' + 表示试图的 '—아 보다'。'나가 보다' + 表示说话者的意志 '—아야겠—得'。

길손 : 엄마, 안녕히 주무셨어요?

　　　오늘도 눈이 엄청 많이 왔어요.

　　　세상이 전부 하얘요[233].

　　　그리구 아저씨는요..스님은요..

　　　스님은……길손이한테 화났나 봐요[234].

　　　깜깜밤은 많이 지났는데……

　　　그랬는데……

　　　내가…… 말을 너무 안 들어서……

　　　그래서…… 그래서…… 안 오나 봐요.

　　　잘못했어요, 스님.

　　　(울음소리)

세상 － 世上、外面、世界, 전부 － 都、全部, 깜깜밤(깜깜한 밤) － 黑夜
지나다 － 过

233. 하얘요 白色的

「형」 '하얗다'. ∴ 'ㅎ' 불규칙: 'ㅎ'이 모음 앞에서 탈락되고, '－아/어/여'는 '애'로 바뀐다. 형용사에만 있다. '하얗다' + '－아요'는 '하얘요'가 된다.

「形」 '하얗다(白)'. ∴ 'ㅎ'不规则: 'ㅎ'在韵母前边被省掉, '－아/어/여'变为 '애'。只在形容词有这样的现象。'하얗다(白)' + '－아요'='하얘요'。

예) 빨갛다 ⇒ 빨개요 / 노랗다 ⇒ 노래요 / 어떻다 ⇒ 어때요

234. 화났나 봐요 好像生气了

「동」 '화나다'에 짐작을 나타내는 '－나 보다'가 연결된 형태.

「动」 '화나다(生气)' + 表示猜想的 '－나 보다'。

한걸음 더

1. 길손이가 말한 엄마는 누구를 가리킵니까?

2. "눈이 엄청 많이 왔어요"에서 '엄청'대신 넣을 수 있는 말을 모두 쓰십시오.

3. 세상이 전부 하얗게 된 까닭은 무엇입니까?

4. 길손이는 스님이 왜 돌아오지 않는다고 생각합니까?

1. 관세음보살 2. 굉장히, 무척, 매우, 아주 3. 눈이 많이 내렸기 때문
4. 길손이한테 화가 나서 돌아오지 않는 다고 생각함

길손 : 누나, 마음을 다 해 불렀는데 엄마가 오지 않아……
　　　 엄마두 길손이가 미운가 봐[235].
　　　 누나 어떻게 하면 마음을 다 하는 거야?
　　　 누나…… 누나~~

마음을 다하다 – 真心诚意

235. 미운가 봐 好像讨厌

「형」 '밉다'에 짐작을 나타내는 '-(으)ㄴ 가 보다'가 연결된 형태.

「形」 '밉다(讨厌)' + 表示猜想的 '-(으)ㄴ 가 보다'。

예) 그 친구 오늘 피곤한 가 봐요. / 한국말이 쉬운가 봐.

한걸음 더

> 1. 본문의 '마음을 다하다'는 무슨 뜻입니까?

1. '정성을 다하다'는 뜻

길손 : 엄마 찾으러 언제 가? 엄마 찾으러 가자 누나~

감이 : 그래 따뜻한 봄이 오면 가자, 길손아.

　　　　이제 봄이야, 길손아.

감이 : 스님, 저 새는 왜 저렇게 슬피 울까요?

스님1 : 응……개똥지빠귀로구나. 어? 허혁……

길손 : 누나, 저 새는 이름이 개똥지빠귀래[236].

　　　　웃기지? 히히 근데 노랫소리는 참 슬프다. 그치?

감이 : 스님. 이제 다 왔나 봐요. 온기가 느껴져요[237].

스님1 : 그래. 이제 다 왔다. 자, 내 등에 업히거라[238].

　　　　감이야. (관세음보살……관세음보살……)

감이 : 어? 어?

스님1 : 저 소리?

감이 : 들리세요? 길손이 목소리에요, 스님!

단어

슬피 울다 － 哭得悲伤, 개똥지빠귀 － 斑鸫, 웃기다 － 好笑、可笑,
노랫소리 － 歌声, 이제 － 现在、终于, 온기 － 热气, 들리다 － 听到
젖을 주다 － 喂……奶喝, 심심하다 － 无聊

236. 개똥지빠귀래 叫做斑鸫

‘개똥지빠귀’에 ‘-래’가 쓰였다. 여기서 ‘-래’는 간접화법의 축약형이다.

‘개똥지빠귀’ + ‘-래’。这里的 ‘-래’是间接引语的缩略形。

예) 미영씨가 학생이래. / 제일 좋아하는 과일이 사과래.

237. 느껴져요 感觉到了

「동」‘느끼다’에 변화를 나타내는 ‘-아지다’가 연결된 형태.

「动」‘느끼다(感觉)’ + 表示变化的 ‘-아지다’。

238. 업히거라 让我背(你)

「동」‘업다’의 사동 ‘업히다’에 명령을 나타내는 ‘-거라’가 연결된 형태.

「动」‘업다(背)’的使动 ‘업히다’ + 表示命令的 ‘-거라’。

한걸음 더

1. 감이에게 개똥지빠귀의 소리가 슬프게 들린 이유는 무엇입니까?

2. 앞을 볼 수 없는 감이가 어떻게 다 왔다는 것을 알 수 있습니까?

3. 감이는 무슨 소리를 들었습니까?

정답

1. 길손이 생각을 하면서 마음이 아프기 때문 2. 사람의 온기가 느껴지기 때문에 알 수 있다. 3. 길손이가 ‘관세음보살’을 부르고 있는 소리

　　　（개 짖는 소리）

　　　（관세음보살……관세음보살……）

스님1 : 길손아~！ 길손아~~！ 관세음보살……

스님1 : 넌 여기 있거라, 감이야.

　　　길손아~, 길손아~！

　　　어디……

　　　길손아~！ 길손아~ 길손아~~

　　　（개 짖는 소리）

　　개 —狗, 짖다 — 叫

길손 : 누나~

   누나. 엄마가 오셨어.

   배가 고프다 하면 젖을 주고,

   심심하다고 하면 나랑 함께 놀아 주었어.

   누나, 나는 엄마를 만났어.

감이 : 엄마~!

어머니 : 감이야~

감이 : 엄마

길손 : 엄마~, 엄마~

젖을 주다 － 喂……奶喝, 심심하다 － 无聊

관세음보살 : 이 어린 아이는 곧 하늘의 모습이니라[239].
　　　　　　오직 변하지 않은[240] 그대로 나를 불렀으며[241]
　　　　　　나뉘지 않은[242] 마음으로 나를 찾았다.
　　　　　　이 아이의 순수함이 세상을 밝게 비추리라[243].

단어

하늘 － 天,　오직 － 只、只是、只有,　그대로 － 照样、原原本本地,
마음 － 心思,　순수함 － 纯真,　밝다 － 明亮

239. 모습이니라 就是……的模样

'모습이다'의 뜻. ∴ '−니라'는 이치나 경험을 바탕으로 있는 사실을 타이르듯이 일러 줌을 나타낸다. 보통 어른들의 예스러운 입말에서 많이 쓰인다.

'모습이다(是模样)'的意思。∴ '−니라'表示道理或者经验的基础上劝解地转达事实。旧时使用。

예) 일찍 자고 일찍 일어나야 하느니라.

240. 변하지 않은 没变的

「동」'변하다'에 부정 '−지 않다'가 연결된 형태.

「动」'변하다(变)' + 否定 '−지 않다'。

241. 불렀으며 叫

「동」'부르다'에 '−(으)며'가 연결되었다. 이 '−(으)며'는 두 가지 이상의 동작이 순서대로 연결됨을 나태낸다.

「动」'부르다(叫)' + '−(으)며'。这里的 '−(으)며'表示两个以上的动作排列。

242. 나뉘지 않은 毫无杂念的

「동」'나누다'의 피동 '나누이다'에 부정 '−지 않다'가 연결된 형태.

「动」'나누다(分成)'的被动 '나누이다' + 否定 '−지 않다'。

243. 비추리라 将照亮

「동」'비추다'에 추측을 나타내는 '−(으)리라'가 연결된 형태. '비출 것이다'의 뜻.

「动」'비추다(照亮)' + 表示推测的 '−(으)리라'。'비출 것이다会照亮'的意思。

감이 : 길손아, 우리 길손이 자니?

길손 : 응. 누나, 나 꿈꾸는 거야?

감이 : 응.

길손 : 누나랑 같이?

감이 : 응, 누나랑 같이……

길손 : 그럼 누나..엄마 꿈 꿔라……응?

감이 : 그래..엄마 꿈 꾸자……

– 끝 –

1. 길손이에게 먹을 것을 주고, 함께 놀아준 것은 누구입니까?

2. 관세음보살은 길손이를 무엇에 비유했습니까?

3. 관세음보살은 길손이의 어떤 점이 세상을 밝게 비출 것이라고 했습니까?

영화 대본 —한중 대역

길손 : 누나~ 일어나~
　　　해가 떴단 말이야~
　　　감이 누나 일어나라니까
　　　잠꾸러기
　　　누나

路春 : 姐姐, 醒醒。
　　　太阳都出来了。
　　　姐姐还不起来啊。
　　　瞌睡虫!
　　　姐姐。

감이 : 아까부터 깨어 있었어, 길손아.

合美 : 路春, 我早就醒了。

길손 : 에이, 거짓말.
　　　근데 왜 가만히 있었어?

路春 : 哎, 骗人。
　　　那为什么一动也不动?

감이 : 우리 길손이가 바다를 보고 얼마나 좋아하는지 듣고
　　　있었던 거야.

合美 : 我正在听路春看大海他有多么高兴啊!

길손 : 감이누나, 바다가 어떻게 생겼는지 알아?
　　　하늘처럼 생긴 물인데 꼭 보리밭같이 움직여~

路春 : 姐姐你知道大海的样子吗?
　　　天一样蓝的海水, 麦浪般的荡漾。

감이 : 바람 때문이야.

合美 : 都是风吹的呀。

길손 : 바람?

路春 : 风?

감이 : 응. 느껴 봐. 부드러워.
合美 : 嗯，你瞧。多么轻柔啊。

길손 : 진짜 누나 손길 같애!
　　　누나 바다에는 새가 많다.
　　　바다에 사는 갈매기라는 새야.
　　　엄마가 말씀해 주셨어.
路春 : 就像姐姐摸我的感觉。
　　　姐姐，海上有很多鸟儿。
　　　是海鸥吧。
　　　妈妈说过的。

길손 : 갈매기는 좋겠다.
路春 : 我要是海鸥该多好啊。

감이 : 왜?
合美 : 为什么呀?

길손 : 날개가 달렸잖아.
　　　그럼 바람을 타고 엄마 있는 데까지 갈 수 있을 텐
　　　데. 그치?
路春 : 它有翅膀啊。
　　　我要是有翅膀的话，就可以飞到妈妈那儿了。是吧?

길손 : 누나, 그쪽이 아니야~
　　　아이 참~그쪽으로 가면 안 돼~
　　　이쪽이야~
　　　바람이 시작되는 곳에 엄마가 있을 거야.
路春 : 姐姐，不是那边。
　　　哎呀，往那边不行。
　　　这边啊。
　　　风吹过来的地方，就是妈妈呆的地方。

길손 : 누나, 여기. 먹어.
路春 : 姐姐, 吃这个。

감이 : 길손이 먹어. 누나도 먹고 있잖아.
合美 : 路春吃吧。我不也在吃吗。

길손 : 감자 많아.
　　　내가 깐 거야.
　　　뚱뚱한 아줌마가 많이 줬어.
　　　아직도 따끈따끈해.
路春 : 土豆儿还很多。
　　　我剥的。
　　　胖阿姨给了好多。
　　　还热乎乎的呢。

감이 : 윽~! 뭐야?
合美 : 哦! 什么呀?

길손 : 벌레 아냐. 단풍잎이야.
　　　감이 누나 손처럼 이쁘게 생겼어
路春 : 不是虫子, 是枫叶。
　　　像姐姐的手那么漂亮。

감이 : 빨간색이야?
合美 : 是红的吗 ?

길손 : 응.
路春 : 嗯。

감이 : 나 빨간색 좋아하는데……
合美 : 我就喜欢红色的。

길손 : 우와, 단풍잎이다~
路春 : 哇, 好多枫叶呀。

스님1 : 어!
僧人1 : 哦!

스님2 : 아니, 이사람 괜찮나?
僧人2 : 怎么了, 你没事吗?

스님1 : 아 하하! 미끄러졌네~
僧人1 : 哈哈! 好滑啊!

스님2 : 에헤 이사람. 조심하지 않고 한눈 팔기는..
僧人2 : 哎呀, 你怎么这么不小心, 没长眼睛啊。

스님1 : 쉿~ 보게나, 꼭 우릴 닮지 않았나?
僧人1 : 嘘~ 你看, 它不是很像我们嘛?

스님2 : 으응?
僧人2 : 什么?

스님1 : 똑같지?
僧人1 : 很像我们吧。

스님2 : 원, 사람도 싱겁긴.
       왜 아까 받은 시루떡이라도 한 조각 던져주지 그러나?
僧人2 : 嗨, 你真无聊。
       既然你觉得像, 那就给它一块年糕吧。

스님1 : 아~ 그렇지~!
僧人1 : 啊~ 对了!

길손 : 누나~ 시냇물이야.
       돌다리를 건너야 되는데 많이 넓어. 어떡하지?
路春 : 姐姐, 小溪。
       我们得从这儿过去, 可过河的石头隔的太远。怎么办?

감이 : 물이 깊어?
合美 : 水深吗?

길손 : 응?
路春 : 嗯?。

감이 : 시냇물이 얕으면 신발 벗고 건너면 되는데.
合美 : 如果浅的话, 脱了鞋蹚过去就行。

길손 : 응. 물은 얕아. 차갑겠다.
路春 : 嗯, 水很浅, 不过可能很凉。

감이 : 아얏!
合美 : 哎呀!

길손 : 차갑지?
路春 : 凉吧?

감이 : 응, 조금.
合美 : 嗯, 有点儿凉。

길손 : 내가 크면 업어줄 텐데.
路春 : 如果我长大了, 就能背着姐姐过去了。

감이 : 그래~ 우리 길손이 빨리 컸으면 좋겠다.
合美 : 好啊, 那你快点长吧!

감이 : 너무 깊어, 길손아. 무서워.
合美 : 好深啊, 路春, 我有点儿怕。

길손 : 조금만 더 가면 되는데.
路春 : 再迈几块石头就行了。

길손 : 둘, 셋, 다섯 개만 더 가면.
　　　어, 강아지다!
　　　누나, 잠깐만 기다려.
路春 : 两个, 三个, 五个。
　　　唉, 有只小狗!
　　　姐姐, 等一会儿。

감이 : 길손아, 길손아, 어디 가~ 길손아~길손아~
　　　누나 무섭단 말야.
合美 : 路春, 路春, 你去哪儿。路春, 路春。姐姐好怕！

길손 : 아, 진짜라니까~!
　　　내가 잡아줄게~
　　　하얀 강아지야.
　　　누나도 강아지 좋아하지?
路春 : 啊, 真的有只小狗啊！
　　　我抓来给你。
　　　是白色的。
　　　姐姐, 你也喜欢狗吧?

　　　(누나, 미끄러져 쓰러짐)
　　　(合美, 滑倒了)

길손 : 내려와~ 내려오라구~ 내려오라니까~
　　　떨어지면 내가 받아줄게.
　　　이얍! 잡았다
　　　으, 미안.
　　　야옹~ 야옹~ (고양이)
路春 : 下来, 让你下来, 你下来呀！
　　　掉下来的话, 有我接着。
　　　呀! 抓住了。
　　　哎呀, 对不起。
　　　喵喵(猫)。

길손 : 가! 너 나뻐.
　　　이얍~~
　　　왈 왈
路春 : 滚开! 你这坏蛋。
　　　呀!

汪汪

(개 짖는 소리)
(狗叫声)。

길손 : 고양이 못됐어. 누나~
路春 : 这猫真是太坏了。姐姐。

감이 : 너 정말 너무해.
　　　너, 너무했어.
　　　난 무서웠다구.
合美 : 你真不像话。
　　　你怎么这样。
　　　我都说害怕了。

길손 : 미안해, 누나.
　　　다신 안 그럴게.
　　　쪼금만 기다리지.
路春 : 对不起, 姐姐。
　　　我再也不这样了。
　　　你等一会儿就行了嘛。

감이 : 물도 깊었단 말이야. 난 보이지도 않는데 혼자 가면
　　　어떡해.
　　　이제 누나 혼자 있게 하지 마.
　　　어? 길손아! 길손아! 또 어디 간 거야?
合美 : 水那么深。我又看不见, 你走了, 我怎么办。
　　　以后别丢下我一个人。
　　　唉? 路春! 路春! 你又去哪儿了?

길손 : 으아아~~
路春 : 哎哟。

(개 짖는 소리)

(狗叫声)

감이 : 왜 그래, 어디야? 아악, 뭐하는 거야? 대답해, 길손
      아!
合美 : 又怎么了, 你在哪儿? 啊, 在干什么? 说话啊, 路春!

스님2 : 어어? 이 무슨 소리지? 개 짖는 소리 같기도 하고
       말이야.
僧人2 : 哦哦? 这是什么声音? 好像是狗叫。

스님1 : 아이 목소리야.
僧人1 : 是小孩儿的声音。

감이 : 누구 없어요? 도와 주세요!
       도와 주세요~
合美 : 有人吗? 帮帮我!
       帮帮我。

스님1 : 어어?
僧人1 : 哦哦?

스님2 : 왜 그러는가?
僧人2 : 怎么了?

감이 : 누구세요?
合美 : 谁呀?

      (개 짖는 소리)
      (狗叫声)

스님2 : 아이 놀래라.
僧人2 : 哎呀, 吓死我了。

길손 : 아저씨, 나 좀 제발 살려 주세요. 떨어지겠네.
路春 : 叔叔, 一定要救救我。我快掉下去了。

스님2 : 허허, 희한한 나무일세. 별게 다 열렸어.

어? 저 떡 보따리가 어떻게 저기 걸렸지?
僧人2：呵呵，这树真少见啊。长了什么奇怪的果子。
　　　啊？装年糕的干粮袋怎么挂在那里呢？

길손 : 떡이요? 에이..
路春：年糕吗？唉。

스님1 : 자~
僧人1：来。

감이 : 따뜻해요. 고맙습니다.
合美：很暖和。谢谢。

스님1 : 늦었으니 그만 자거라.
僧人1：时间不早了，睡吧。

감이 : 정말 고맙습니다, 스님.
合美：大师，真是太感谢您了。

스님1 : 모든 것이 다 부처님 뜻이란다.
　　　그럼 편히 자거라
　　　어이구, 이 녀석. 너두 자야지?
　　　너는 아궁이로 가야겠다.
僧人1：一切都是佛主的意思。
　　　那么，好好休息吧。
　　　哦，小家伙，你也睡吧。
　　　你去灶坑那边睡吧。

(개 짖는 소리)
(狗叫声)

스님1 : 어? 허허. 요 녀석 보게. 허허.
僧人1：哦？呵呵。是你这小家伙呀。呵呵。

감이 : 스님, 그 강아진 길손이 곁에서 떨어지고 싶지 않은

가 봐요.

合美: 大师，那小狗好像不想离开路春。

스님1: 어, 그런 거냐, 너?

　　　하하 녀석. 여긴 많이 추울 텐데.

　　　춥구나. 어서 그만 자거라. 음?

僧人1: 哦，是这样吗？

　　　哈哈，小家伙，这里会很冷的。

　　　很冷的，赶快睡吧。嗯？

감이: 예.

合美: 好的。

　　　(염불 외는 소리)

　　　(诵经的声音)

길손: 어? 다 똑같네.

　　　아저씨~ 아저씨~ 아저씨~~ 아저씨~~.

　　　어어? 아저씨? 히히, 아저씨!

　　　아저씨랑 다 똑같아서 한참 찾았네.

路春: 哦？都一样啊。

　　　叔叔。

　　　啊啊？叔叔？嘿嘿，叔叔！

　　　因为他们都和叔叔一样，所以我找了半天呢。

스님1: 길손이 너.

僧人1: 路春。你。

스님2: 여기가 어디라고 감히.

僧人2: 这是什么地方，你怎么敢这样。

길손: 어젯밤엔 아저씨 덕분에 아주 잘 잤어.

　　　난 여기가 아주 맘에 들어.

　　　새들이 노래도 참 잘하고 마루 밑에 개미집도 있어.

아~ 걱정 마. 죽이지는 않았어. 데리고만 놀 거야.

아참, 아저씨, 배 고프지?

아, 다행이다.

아직 따끈따끈해. 먹어.

감이누나가 부엌에서 얻어 준 누룽지야.

路春 : 托叔叔的福，昨天晚上睡得很好。

我对这儿很满意。

鸟儿的歌声好听，廊子下面还有蚂蚁窝。

啊，别担心，我没有伤害它们，只是和它们一起玩儿。

哦，对了，你肚子饿了吧!

太好了，锅巴还热乎乎的呢。吃吧。

是姐姐刚在厨房要来的。

스님1 : 길손아.

僧人1 : 路春。

길손 : 아냐, 아냐. 괜찮아.

난 벌써 먹었는걸.

路春 : 不用不用，没关系。

我吃过了。

스님2 : 이 녀석이 정말!

僧人2 : 这小东西，真是的.

길손 : 아저씨건 없어. 살 좀 빼야 돼. 뚱뚱해.

路春 : 没叔叔的份儿。你得减肥，太胖了。

스님2 : 이 버르장머리 없는 녀석!

僧人2 : 你这没规矩的小东西。

(강아지 짖는 소리)

(狗叫声)

길손 : 바람아, 그럼 못 쓰느니라~

路春：风儿，不要这样嘛。

스님2 : 아아～～

僧人2：啊啊。

    (염불 외는 소리)
    (诵经的声音)

길손 : 으히히히. 하하하
    메롱～

路春：嘿嘿，哈哈哈。
    嘟嘟嘟嘟，完了吧。

스님2 : 어어～

僧人2：啊啊

    (화분 깨지는 소리)
    (花盆被打碎的声音)

길손 : 아저씨 때문이야. 아저씨가 닦아.

路春：都怪叔叔，叔叔你擦吧！

    (염불 외는 소리, 목탁 두드리는 소리)
    (诵经的声音，敲木鱼的声音)

스님1 : 어, 길손아～

僧人1：哦，路春

길손 : 네?

路春：干嘛？

스님1 : 음～흠～

僧人1：嗯～

길손 : 왜?

路春：怎么了？

스님1 : 넌 발부터 닦아야 되겠다.
僧人1 : 你先把脚擦干净吧。

길손 : 이히히 미안. 내가 깨끗하게 닦아줄게. 걱정 마.
路春 : 对不起，放心，我会擦得干干净净的。

스님1 : 아앗, 앗!
僧人1 : 哎呀。

길손 : 차거워. 차거워. 으이~
路春 : 真凉啊。

스님1 : 그럼 약속한 거다.
僧人1 : 那么，我们一言为定。

길손 : 으으.
路春 : 嗯。

스님1 : '네' 해야지~!
僧人1 : 应该回答'是'！

길손 : 네, 아저씨.
路春 : 是，叔叔。

스님1 : 어허, 아저씨가 아니고 스님!
僧人1 : 噢呵，不是叔叔，是大师。

길손 : 어? 아저씨 이름이 스님이야?
路春 : 噢？叔叔的名字叫大师吗？

스님1 : 으응?
僧人1 : 嗯？

길손 : 재미난 이름이네. 스.님. 아저씨.
路春 : 好有意思的名字啊。大师叔叔。

스님1 : 아이 참 그게 아니고 길손아.

僧人1：不是这样的。路春。

길손：으응?
路春：嗯?

스님1：에휴, 됐다. 그만 나가 보거라.
　　　저 녀석 목 쉬겠다.
僧人1：哎呀, 好了。出去吧。
　　　那家伙的嗓子快叫哑了。

길손：응! 바람아.
路春：嗯! 风儿。

스님1：길손아~
僧人1：路春。

길손：아참, 쉿!
　　　조용~조용~조용~조용~
　　　바람아, 가자~
路春：对了, 嘘!
　　　安静, 安静, 安静, 安静。
　　　风儿, 走吧。

스님1：바람이?
僧人1：风儿?

아주머니：감이야, 내가 하마. 그만 쉬거라.
阿姨：合美, 我来做, 你休息吧。

감이：아니에요. 괜찮아요.
合美：没事。没关系。

아주머니：아니긴. 벌써 초겨울 날씬데.
　　　　　첫눈도 벌써 다녀갔는걸.
　　　　　아이구, 손이 빨갛게 얼었네. 얼었어. 응?

어여 들어가. 착하기도 하지.

阿姨：什么没事啊。已经入冬了。

　　都下过一场雪了.

　　哎呀, 手都冻红了。嗯?

　　快进去吧! 多么乖啊。

스님2 : 아이구, 추워.

　　으응?

　　에에에취!

僧人2：哎呀, 冷。

　　嗯?

　　啊……嚏。

길손 : 가만히 있어 봐. 따뜻하게 해 줄게.

　　으으? 기다려. 발 좀 들어 보라니까.

　　그래. 조금만 이렇게.　흐흐. 눈이 와도 따뜻할 거
　　야.　그치?

路春：别动, 我给你穿暖和点儿。

　　哦, 等等。脚抬起来。

　　好的。先这样待一会儿。嘿嘿, 下雪也冻不着, 对吧?

길손 : 안 돼. 어디 가?

　　바지도 마저 입고 가야지.

　　노루야, 기다려~

路春：不行, 去哪儿啊?

　　穿上裤子才能走。

　　小鹿, 等等。

길손 : 야, 새들아. 어디 가니? 집에 가는 거지? 나 다 알아.
　　나는 여기가 집이다.

路春：喂, 小鸟啊, 你去哪儿? 回家吗? 我都知道。

　　这儿就是我家!

스님2 : 야, 이놈아! 얼른 내려와. 얼른!
僧人2 : 喂，小家伙！快下来。快!

길손 : 바람아, 조용히 해.
　　　야호~
路春 : 风儿，安静。
　　　呀吼。

큰스님 : 그녀석 목청 한번 좋구나.
高僧人 : 这小家伙的嗓子可真好。

길손 : 누나 하늘이 많이 이쁘다.
　　　새들이 노래하는 거, 누나도 들리지?
路春 : 姐姐，天好漂亮。
　　　鸟儿在唱歌，姐姐听见了吧?

큰스님: 길손이 너도 창 한번 해 보거라.
高僧人 : 路春，你也唱支歌吧。

길손 : 창?
路春 : 唱歌?

큰스님 : 그래, 노래 말이다
　　　　저 먼산이 대답할 수 있도록 크게 한번 해 보거라.
高僧人 : 是啊，唱歌。
　　　　大点声儿，让我听到远山的回音。

길손 : 노래는 감이 누나도 잘하는데..
　　　엄마 엄마 엄마가 섬그늘에 굴따러 가면
　　　아가는 혼자 남아
路春 : 姐姐唱得也很棒。
　　　妈妈，妈妈，妈妈去岛的后面挖出海蛎子，
　　　留下孩子一人在家。

감이 : 아기는 혼자 남아 집을 보다가

　　　　　바다가 들려주는 자장 노래에
　　　　　팔 베고 스르르르 잠이 듭니다.
　　　　　잠이 듭니다.
合美 : 留下孩子一个人看家,
　　　　在大海唱的摇蓝曲声中
　　　　枕着胳膊不知不觉地睡着了。睡着了。

길손 : 그래도 잠이 안 와.
　　　　다른 노래 불러 줘, 누나.
　　　　에이～
路春 : 我还是睡不着。
　　　　给我唱别的歌, 姐姐。

감이 : 가만히 있어야 잠이 오지.
合美 : 静静地呆一会儿, 就睡着了。

길손 : 누나도 같이 자자.
路春 : 姐姐一起睡吧。

감이 : 으응. 그래. 이것만 하고. 아!
合美 : 好吧, 做完这个就睡。啊!

길손 : 자, 여기.
　　　　어? 피!
路春 : 哦, 给。
　　　　啊, 血!

감이 : 안 아파. 괜찮아.
合美 : 不疼, 没关系。

길손 : 아이, 가만히 있어 봐. 내가 매 줄게.
　　　　꽃잎 같아.
路春 : 哎呀, 别动。我给你包上。
　　　　好象花瓣。

감이 : 꽃잎?

合美 : 花瓣?

길손 : 응. 지난여름에 내가 누나 머리에 꽂아 줬던 빨간
　　　 꽃잎.

路春 : 嗯。好像夏天插在姐姐头上的花瓣。

감이 : 겨울밤 화롯불 같다는 그 꽃?

合美 : 像冬天火炉里的火那样的花吗?

길손 : 그래서 누나한테 꽃 냄새가 나는구나?

路春 : 所以姐姐有花的香味啊。

감이 : 그래 누난 꽃이다~
　　　 거 봐. 졸리지?

合美 : 是啊, 姐姐就是花。
　　　 你看, 困了吧。

길손 : 오늘은 누나 무릎 베고 잘래.

路春 : 今天我要枕着姐姐的腿睡。

감이 : 내일부턴 길손아, 말썽 부리지 말고 얌전히 있어.
　　　 알았지?

合美 : 从明天起, 路春, 不要再淘气, 乖乖的。知道吗?

길손 : 여긴 너무 심심해.
　　　 스님들은 부처님 흉내만 내잖아.
　　　 움직이는 거라곤 나하고 바람이밖에 없어.
　　　 엄마 찾으러 언제 가?

路春 : 这里真没劲。
　　　 和尚一个个就会装佛。
　　　 只有我和风儿跑来跑去。
　　　 我们什么时候去找妈妈呢?

감이 : 엄만…… 있잖아……

合美：妈妈……　这个么……

길손：빨리 가고 싶어
路春：我想快点儿去。

감이：그래, 엄마한테 가자.
　　　추운 겨울이 지나면.
　　　지금은 많이 추우니까
　　　따뜻한 봄이 오면 그때 가자, 길손아.
　　　어? 길손이 자니?

合美：好吧, 我们去妈妈那儿。
　　　等寒冷的冬天过去。
　　　现在太冷了,
　　　等到温暖的春天来了, 我们就去。路春。
　　　哦? 路春, 你睡了?

　　　(코 고는 소리)
　　　(打呼噜的声音)

감이：너의 모습을 다시 볼 수 없는 거니?
　　　한번만이라도..

合美：我再也看不到你的样子了吗?
　　　哪怕只见一次也好啊。

길손：누나, 아줌마 셋이서 대웅전에서 절을 하고 있다.
　　　복 달라고 명 달라고 비는 거래.
　　　할머니들은 또 탑을 돌고 있어.
　　　저 할머니들은 뭘 달라고 조를까?
　　　극락가게 해 달라고 그러겠지?
　　　부처님도 참 성가시겠다. 그치?
　　　누나, 사람들이 자꾸자꾸 조르기만 하니까
　　　부처님은 꼼짝도 안하고 있는 걸 거야.

　　　　나 같으면 재밌게 해 드릴 텐데.
　　　　응, 그치, 누나?
路春：姐姐，三个阿姨正在大雄殿拜佛。
　　　她们希望福，长寿。
　　　奶奶们围着塔转圈儿。
　　　奶奶们在干什么呢？
　　　想到极乐世界，是吧？
　　　佛像不觉得她们麻烦吗？
　　　人们总是缠着佛像，
　　　佛像一动也不动
　　　要是我的话，就不会让佛像这么麻烦了。
　　　对吧，姐姐？

감이：응. 우리 길손이 다 컸네. 부처님 마음도 잘 알고.
合美：嗯，我们路春真的长大了。连佛祖的心思都这么清楚！

길손：어, 아저씨~
路春：哦，叔叔。

아주머니：어여 와 어여~
　　　　　어여 와~
　　　　　스님한테 인사 했나?
阿姨：快来，快来，快来。
　　　向大师问好了吗？

아이1：네.
　　　　같이 가요. 이 바보야 잘 따라 오란 말이야.
孩子1：是啊。
　　　一起走。你这个笨蛋，快跟上。

감이：왜?
　　　스님한테 안 가?

그럼, 우리 도토리 주으러 갈까?

合美：怎么了?

　　怎么不去大师那儿?

　　那么我们去捡橡子好吗?

아주머니: 에이, 요 녀석.

阿姨：哎呦, 这小家伙。

길손: 나쁜 애들한테도 엄마가 있는데..

路春：连坏孩子都有妈妈…….

감이: 뭐, 뭐라구?

合美：什么, 你说什么。

길손: 고맙습니다, 아줌마.

路春：阿姨, 谢谢你。

아주머니: 애, 그거 저기 물하고 같이 먹어라.

阿姨：孩子啊, 吃的时侯要喝水啊, 别噎着。

길손: 에~ 누나가요 물가에서 기다리고 있어요~

路春：知道了, 我姐姐正在河边等着我呢~~

형: 떡 하나 주면 안 잡아 먹~지.

哥哥：不给我年糕的话, 小心我吃了你~~

동생: 떡 하나 주면 안 잡아 먹~지.

弟弟：不给我年糕的话, 小心我吃了你~~~

길손: 떡 아냐. 정말이야.

路春：这不是年糕。真的。

형: 어쭈.

哥哥：咦~~~

동생: 어쭈.

弟弟：咦~~~

형 : 따라하지 마.
哥哥 : 别学我。

동생 : 따라하지 마.
弟弟 : 别学我。

형 : 너 말이야. 너너너!
哥哥 : 说你呢。你你你!

동생 : 형, 알았어. 따라하지 않을게.
弟弟 : 知道了。不会再跟你学了。

형 : 야! 서!
哥哥 : 喂!站住!

길손 : 떡 아니라니까.
路春 : 真的不是年糕啊。

동생 : 감자다!
弟弟 : 是蒸土豆啊!

길손 : 어, 야~
路春 : 哦, 呀~～～～

동생 : 메롱~, 약오르지
弟弟 : 嘟嘟嘟嘟, 完了吧。

형 : 나눠 먹어야지.
哥哥 : 要分着吃啊。

동생 : 맞어.
弟弟 : 对啊。

길손 : 우리 누나랑 나눠 먹을 거야.
路春 : 我要和姐姐一起吃啊。

형 : 어~누나도 있구나.

哥哥：哦～～还有姐姐呢!

동생：거지 누나.
弟弟：要饭的姐姐。

길손：거지 아냐~
　　　이리 내 놔. 내 거란 말야.
　　　돌려 줘!
路春：不是要饭的。
　　　还给我。那是我的。
　　　还给我。

길손：누나..
　　　어?
路春：姐姐…….
　　　哦?

길손：누나.
路春：姐姐。

길손：누나, 그때 감자 준 아줌마가 우리 엄마였으면 좋겠다.
路春：姐姐, 给我们土豆的阿姨要是我们的妈妈多好啊。

감이：뚱뚱하다는 그 아줌마?
合美：你是说那个胖胖的阿姨吗?

길손：아냐~
　　　많이 이쁜 아줌마야.
路春：不是啊～～～
　　　是很漂亮的阿姨啊!

감이：그래, 알았어.
　　　많이 이쁜 아줌마.
合美：好了, 知道了。
　　　很漂亮的阿姨。

길손 : 피~
路春：喊~~

감이 : 어, 왜, 화났어?
　　　길손아, 우리 도토리 주으러 갈까?
合美：哦，怎么了，生气啦？
　　　路春，我们去捡橡子好吗？

길손 : 싫어. 나 잘 거야.
路春：不去。我要睡觉。

감이 : 길손이, 정말 잘 거야?
　　　삐졌구나, 너.
　　　그럼, 나 혼자 가야지 뭐.
　　　우리 길손이가 왜 그럴까요?
合美：真的吗？
　　　发小脾气了！
　　　那我只好一个人去了。
　　　我们路春怎么这样呢。

형 / 동생 : 키히히히
　　　앞이 안 보여~~ 눈앞이 깜깜해~
哥哥／弟弟：嘿嘿嘿嘿
　　　看不见~~ 看不见~~
　　　黑乎乎的~~黑乎乎的~~
　　　(감이의 흥얼거리는 노래소리)
　　　(合美哼歌的声音)

감이 : 아악, 엄마!
合美：啊呀，妈妈……

형 / 동생: 이히히. 하하하하!
哥哥／弟弟：嘿嘿嘿。哈哈哈哈！

형 : 그지? 그지? 어? 내 말이 맞지?
哥哥 : 对吧? 对吧? 噢! 我说的对吧!

동생 : 히히히~ 응. 봉사. 장님. 히히~
弟弟 : 嘿嘿嘿~嗯。瞎子。盲人。嘿嘿~~

형 : 또 해 볼까?
哥哥 : 再做一次?

동생 : 어. 재밌다.
　　　형아야, 이제 내가 해 볼까?
　　　이야~
哥哥 : 嗯。真有意思。
　　　哥哥, 我来做一次吧!
　　　咦呀~~~

감이 : 이러지 마. 누구야?
合美 : 别这样。是谁啊?

동생 : 형아야, 근데 눈뜨고도 정말 안 보여?
弟弟 : 哥哥, 她睁着眼也看不见吗?

형 : 바보야. 눈 뜬 봉사라니까.
　　　내가 해 볼게. 잘 봐.
哥哥 : 笨蛋。是睁眼瞎啊。
　　　我来做。仔细看。

감이 : 아아아악~
合美 : 啊啊啊~~~

동생 : 잘한다
　　　불러 봐. 불러 봐. 하나도 안 무섭다.
弟弟 : 真棒啊。
　　　叫吧, 叫吧。我一点都不怕。

(우는 소리)
(哭的声音)

감이 : 길손아..길손아.. 어딨는 거야?
　　　길손아..
合美 : 路春……路春……你在哪儿啊?
　　　路春……

길손 : 이얏!
　　　우리 누나 괴롭히지 마!
　　　내가 혼내줄 거야!
路春 : 呀!
　　　别欺负我姐姐!
　　　我要教训教训你!

감이 : 그만 해! 그만하란 말야!
合美 : 住手!我说住手!

형 : 쬐끄만 게. 너따위 이겨.
哥哥 : 小崽子。你能赢我?

감이 : 그만해!
　　　그만하란 말야..그만!
合美 : 住手!
　　　我说住手　住手!

형 : 까불고 있어.
哥哥 : 反了你了。

감이 : 길손아, 길손아. 이리 와.
合美 : 路春, 路春。过来呀!

형 : 짜식 까불고 있어..
哥哥 : 臭小子, 敢打我

동생 : 맞아. 형아, 싸움 잘하지, 그지?
弟弟 : 是啊。哥哥, 你最会打架, 对吧？

감이 : 괜찮아? 다친 데 없어?
合美 : 没事吗?有没有受伤?

길손 : 없어. 치.
路春 : 没有。喊。

감이 : 미안해. 다 누나 때문이야.
　　　어? 피가 나.
合美 : 对不起。全是因为姐姐啊。
　　　哦? 流血了。

길손 : 피 아냐. 콧물이야.
路春 : 不是血。是鼻涕呀。

형 : 헤~지 누나 장님이라고 거짓말한다.
哥哥 : 嗨, 姐姐是个瞎子, 还骗她。

형 / 동생: 그건 코피래요~
哥哥／弟弟: 那是鼻血。

형 : 아~이, 쬐끄만 놈이!
哥哥 : 啊咦, 小崽子!

동생 : 형아, 피~
　　　아, 쌍코피야~
　　　아~하하~ 형아 코피 많이 난다~
弟弟 : 哥哥, 血!
　　　啊, 你的鼻子。
　　　啊~啊啊~哥哥流了好多鼻血啊~

형 : 으아아아~~앙~~나 코피난다~~
哥哥 : 哦啊啊啊……呜……我流鼻血了!

동생 : 엄마~ 형아 코피 많이 나요~
弟弟 : 妈妈! 哥哥流了好多鼻血啊。

형 : 엄마~
哥哥 : 妈妈!

동생 : 엄마 여기야. 빨리 와 봐, 빨리~
　　　엄마 빨리 와 봐. 저기야.
弟弟 : 妈妈, 快来啊, 快点来, 快~
　　　妈妈快点, 就是那边。

아주머니 : 종철아, 아이구 종철아 이게 어쩐 일이여~
阿姨 : 忠哲啊, 哎呀, 忠哲啊, 这是怎么回事啊~

동생 : 얘가 그랬어, 엄마.
弟弟 : 妈妈, 是那个小子干的。

아주머니 : 아이구, 누구여 누구?
　　　　　누가 우리 귀한 장손을 이런 겨?
　　　　　아이구 세상에!
阿姨 : 哎呀, 是谁啊, 谁?
　　　是谁把我们的宝贝儿子弄成这样了?
　　　哎呀, 天那!

동생 : 저 거지가 형아 때렸어.
弟弟 : 那个要饭的小子打了哥哥。

감이 : 죄송합니다. 그애들이 먼저..
合美 : 对不起。是他们先, , ,

아주머니 : 뭐여?
　　　　　애를 이 지경으로 만들어놓고 뭔 핑계여 핑계가.
　　　　　절밥 얻어먹고 지내려면 얌전하나 지내야지.
　　　　　아, 시상에 어린 것들이 버릇이 저렇게도 없디야.
　　　　　아이구, 우리 종철이 많이 아팠어?

阿姨：什么？把我孩子弄成这样还找借口。

想継续吃斋饭的话就老实点。

啊，世界上怎么有这样没教养的孩子呢。

哎呀，我的忠哲一定很痛吧。

길손이 어머니 : 우리 길손이 많이 아파?

아이고 우리 길손이가 많이 다쳤네?

우리 길손이를 누가 때렸누..엄마가 혼내
줘야겠네.

路春的妈妈：我的路春很痛吗?

哎呀 我的路春伤得这么重啊?

是谁打了我的路春……妈妈去教训他。

아주머니 : 애, 꼬마야!

니, 너 큰애 나좀 보자.

阿姨：你这孩子!

不。那个大点的孩子过来让我看看

감이 : 길손아, 안돼. 길손아!

合美：路春啊, 不行。路春啊!

아주머니 : 아주 저저저 저 되먹지 못한 놈 좀 보게.

어른한테 하는 버릇 좀 봐..어?

봤지? 네 눈으로 똑똑히 보고도 변명이 나오냐?

阿姨：真是 大家都来看看这个没规矩的孩子。

看看他对长辈这样没礼貌。

看见了吗? 这回你看的清清楚楚了, 还有什么好辩解
的。

(울음소리)

(哭声)

아주머니 : 아 뚝 그처~!

阿姨: 别哭了!

동생: 엄마, 저 누나 장님이다.
弟弟: 妈妈, 那姐姐是盲人

아주머니: 뭐?
阿姨: 什么?

동생: 앞이 안보인데..
弟弟: 她什么也看不见……

　　(울음소리)
　　(哭声)

길손: 엄마~~~~
　　나두 나두 코피 난단 말이야.
　　나두 많이 아퍼, 엄마.
路春: 妈妈!
　　我 我也流鼻血了
　　我也很痛, 妈妈。

　　(울음소리)
　　(哭声)

스님1: 차차~
　　아이, 흠흠
　　길손이 너 아저씨처럼 제비뜨기 못하지?
　　봐라~ 이렇~게
僧人1: 好了好了!
　　哎呀, 哼哼。
　　路春, 你不会像叔叔这样打水漂吧。
　　看着。这样。

길손: 재미없어. 하나두.
路春: 没意思, 一点都没有。

스님1 : 오호! 우리 길손이 오늘은 너무 얌전한 걸.
　　　　에~길손이가 엄마 보고 싶어서 기운이 없구나.

僧人1 : 哦哦! 我们路春这么乖。
　　　　哎~路春 想妈妈, 没精神啊。

길손 : 엄마 얼굴도 생각이 안 나는데, 뭐..
　　　　맨날 누나 꿈에만 나오고 내 꿈엔 한번도 안 나와.
　　　　엄마 나빠.

路春 : 连妈妈的脸都想不起来, 什么……
　　　　每天妈妈都出现在姐姐的梦里, 可一次也不来我的梦里。
　　　　妈妈 好坏啊。

스님1 : 엄마는 마음 속에 있잖아.
　　　　보이진 않아도 항상 마음 속에 품고 있으니까
　　　　함께 있는 거지.

僧人1 : 妈妈不是在心里吗?
　　　　即使看不见, 妈妈也经常藏在心里面, 所以妈妈一直和
　　　　你在一起。

길손 : 치, 거짓말.
　　　　엄만 바람 같애.
　　　　내 마음만 흔들고 보이지는 않아.

路春 : 哼, 撒谎。
　　　　妈妈就像风一样。
　　　　牵动着我的心, 可看不见。

스님1 : 바람?

僧人1 : 风?

길손 : 부처님 눈에는 바람이 보여?

路春 : 佛祖能看见风吗?

스님1 : 부처님 눈에는……그래, 바람이 보이지.

僧人1：佛祖眼里……是啊，当然能看到了。

길손：어떻게 바람이 보여?
路春：怎么能看见风呢?

스님1：마음의 눈을 뜨고 계시니까.
僧人1：因为他睁着心灵的眼睛。

길손：마음의 눈이란 것도 있어?
路春：有心灵的眼睛吗?

스님1：그럼~우리 한사람 한사람한테는 수많은 눈의 창문
　　　　이 있단다.
　　　　지금 감이는 몸의 창문이 닫힌 거구,
　　　　길손이와 나는 마음의 창문이 닫혀있는 거지.
　　　　하지만 공부를 열심히 하면 하나 하나 창문이 열리
　　　　거든.
　　　　그땐 바람도 보이고 하늘 뒤란도 보이는 거야.
僧人1：当然! 我们每个人都有心灵和肉体的窗口。
　　　　现在合美关上了肉体的窗口。
　　　　路春和我关上了心灵的窗口。
　　　　但是如果努力学习的话，就能把窗口一个个地打开。
　　　　到那时, 不仅是风, 连天上也能看见。

길손：나두 마음의 눈을 뜨고 싶어.
　　　　바람도 보고 싶구, 하늘 뒤란도 보고 싶어.
路春：我也想张开心灵的眼睛, 去看风, 去看天。

스님1：그러려면 공부를 아주 많이 해야 돼.
　　　　길손아, 아저씨랑 같이 공부하러 가지 않을래?
僧人1：如果想那样的话, 就必须努力学习。
　　　　路春啊, 你不想和叔叔一起去学习吗?

길손：정말?

路春 : 真的吗?

스님1 : 그러려면 감이누나와 헤어져 있어야 되는데.
僧人1 : 那么就必须跟姐姐分开了。

길손 : 왜?
路春 : 为什么?

스님1 : 응~ 가는 길이 험해서 감이가 가기엔 힘이 들 게야.
僧人1 : 嗯, 因为去的路很难走, 所以合美去的话会很费劲儿。

길손 : 거기가 어딘데?
路春 : 在哪儿啊?

스님1 : 저기 저 마등령 중턱에 있는 관음암이지.
僧人1 : 在马登岭半山腰的观音庙

길손 : 언제 내려 오는데?
路春 : 什么时候下山呢?

스님1 : 음..봄이 오면 내려와야지?
僧人1 : 嗯。春天来了就下山。

감이 : 길손이 왔구나.
合美 : 路春来了啊。

길손 : 어휴. 누난 내가 오는 걸 어떻게 금방 알아?
路春 : 哎呦。姐姐怎么马上就知道了呢?

감이 : 누난 금방 알지.
　　　　우리 길손이한테는 좋은 냄새가 나니까.
合美 : 姐姐当然能马上知道。
　　　　因为路春有好闻的味儿。

길손 : 좋은 냄새는 맛있는 냄샌데.
　　　　내가 먹는 거야?
路春 : 好闻的味儿就是好吃的味道。

那么我是吃的东西吗？

감이 : 그럼~앙 깨물어주고 싶은 냄새.
　　　우리 길손이 심심하지?
合美 : 是啊，我恨不得咬你一口呢。
　　　我们路春很无聊吧？

길손 : 아니, 안 심심해,
　　　아저씨는 내일 공부하러 멀리 간대.
路春 : 不，不无聊，
　　　叔叔说明天要去很远的地方。

감이 : 길손이도 공부하고 싶어?
合美 : 路春也想学习吗？

길손 : 공부하면 바람도 볼 수 있대.
路春 : 听说学习以后连风都能看见呢。

감이 : 글쎄..
合美 : 可是……

길손 : 그러면 엄마도 볼 수 있을 텐데.
路春 : 那么就会看见妈妈了吧！

감이 : 엄마 얘기 해 줄까?
合美 : 给你讲讲妈妈的故事好吗？

길손 : 응.
路春 : 嗯。

감이 : 우리 집 마당에 조그만 평상이 있었는데..
合美 : 我们家院子里原来有个凉床。

길손 : 거기 앉아서 감자랑 옥수수도 먹구?
路春 : 坐在那里吃土豆和玉米？

감이 : 그럼, 감자랑 옥수수도 먹구 밤에는 별을 보면서 옛

날 애기도 듣구.
合美：当然，吃土豆和玉米，晚上边看星星边听故事。

길손：햇님 달님 애기?
路春：太阳和月亮的故事?

감이：그래. 햇님 달님 애기랑
合美：是啊，太阳和月亮的故事.

길손：곶감 무서운 호랑이 애기랑
合美：还有害怕柿饼的老虎的故事。

감이：맞아. 그러다가 졸리면 엄마 무릎에 누워 잠도 자고
合美：对啊。困的话就枕着妈妈的腿睡觉.

길손：누나, 그 댕기 애기 해 줘.
路春：姐姐, 给我讲讲头绳的故事

감이：아~ 내 생일날이었을 거야
     엄마랑 같이 목욕을 하구.
     참빛으로 곱게 빗어 머리를 따 주셨거든?
合美：啊~~我生日那天，和妈妈一起洗澡，用蓖子梳头把头
     发辫得很漂亮。

길손：그 다음엔?
路春：然后呢?

감이：길손아.
合美：路春啊

길손：어?
路春：哦?

감이：이 댕기 지금도 곱지?
     색동 위에 금박 무늬가 있었는데
合美：这头绳现在还很漂亮吧?

彩缎上有金的花纹

길손 : 으.. 아직도 그 옷 무늬가 있는 걸.
路春 : 哦……现在上面还有。

감이 : 저녁 예불 끝나시겠다. 누난 부엌에 가 볼게.
　　　우리 길손이 얌전히 놀고 있어.
合美 : 晚课快结束了。姐姐要去厨房。路春乖乖的玩儿吧。

길손 : 누나..
路春 : 姐姐……

(나무가 불에 타는 소리)
(烧木头的声音)

(집이 불에 타는 소리)
(房子失火的声音)

어머니: 감이야! 감이야!
妈妈 : 合美啊! 合美啊!

감이 : 콜록, 콜록
　　　엄마~
合美 : 咳咳, 咳咳
　　　妈妈～～

어머니: 감이야!
妈妈 : 合美啊!

감이 : 엄마! 엄마~
合美 : 妈妈! 妈妈!

감이 : 미안해. 미안해, 길손아..

누나가 거짓말한 거야..
엄마는..다신 볼 수 없어..
길손아..
엄만 있잖아..마음으로밖에 볼 수가 없단다..
내가 보고 싶은 건..
누나가 보고 싶은 건..
옆에 있어도 볼 수 없는
우리 길손이 모습이야.

合美：对不起～～～
姐姐说假话了
再也看不到妈妈了
路春啊
妈妈呢，只能在心里看得见
我也想见
姐姐也很想见
就是即使在旁边也看不到的路春啊

감이：우와……
하얀 눈..

合美：哇！白雪啊。

감이：오늘 산행길이 많이 미끄럽겠다.

合美：今天山路可能很滑吧。

감이：있잖아요, 우리 길손이 잘 보살펴 주세요.
아시죠? 우리 길손이 착한 거..
제가 없어도 말썽 안 부리고 잘 지낼 수 있도록
지켜봐 주세요..꼭이에요……
아야..너무 가까이 왔네.
죄송합니다.

合美：那……，请照顾好我们路春

知道吧? 我们路春很善良,
即使我不在, 也不要让他闯祸, 好好生活,
一定……
哎呀, 靠的太近了啊!
对不起。

스님1 : 길손이 너 정말 따라 나설 거야?
僧人1 : 路春你真的要跟我一起去吗?

길손 : 아이 답답해. 하나 둘 셋 여섯 아홉..
      하여간 일곱 번도 넘게 말했을 거야.
路春 : 啊, 闷死了。一 二 三 六 九……
      反正我都说了不止七遍了。

스님1 : 하하하, 녀석.
僧人1 : 哈哈哈, 这小家伙。

길손 : 그러니까 내 말은.
路春 : 所以, 我的意思是……

스님2 : 인석아, 말썽도 많은 놈이 말도 많네.
      자자, 내 모자 쓰고 가. 선물이다.
僧人2 : 这小家伙, 经常惹祸的小子话倒挺多。
      来, 戴上我的帽子去吧, 这是给你的礼物。

길손 : 헤헤..고마워 아저씨..따뜻하네.
      누나~
路春 : 嘿嘿, 谢谢叔叔, 好暖和啊。
      姐姐。

감이 : 어, 어?
合美 : 哦, 哦?

길손 : 누나, 댕기가 없네?
路春 : 姐姐, 你的头绳哪儿去了?

감이 : 누나도 선물이 있단다.
合美 : 姐姐也有礼物。

길손 : 뭐～?
路春 : 什么?

감이 : 뭘까?
合美 : 猜猜吧?

길손 : 누나 댕기잖아
路春 : 是姐姐的头绳。

감이 : 응, 알지? 누나가 제일 좋아하는 거.
合美 : 嗯, 你知道吧, 这是姐姐最喜欢的。

길손 : 응. 다녀올게, 누나.
　　　자. 나두 선물.
　　　이제부터 바람이가 누나 산보 갈 때 같이 갈 거야.
　　　바람이 너 감이누나 산보 잘 시켜줘야 돼.
　　　말썽 피우지 말구!
路春 : 嗯, 姐姐, 我很快就回来。
　　　你看, 我也有礼物。
　　　从现在开始, 风儿陪着姐姐一起散步。
　　　风儿, 姐姐散步的时候, 你一定要保护她啊。
　　　不要闯祸哦!

스님2 : 아이고～ 사돈 남말하네～. 너나 잘 해.
僧人2 : 哎呀呀, 彼此彼此, 你还好意思说这样的话, 快忙你的
　　　吧!

스님1 : 하하!
僧人1 : 哈哈!

길손 : 사돈? 사돈이 누군데?
路春 : "彼此"? "彼此"是谁?

스님2 : 사돈?
僧人2 : "彼此"？

길손 : 어, 누군데~
路春 : 嗯, 是谁？

스님2 : 있어, 넌 몰라도 돼.
僧人2 : 有, 你不需要知道。

길손 : 누구야, 누구~
    말해 줘라, 아저씨~~응?
路春 : 是谁啊, 是谁？
    告诉我吧, 叔叔, 嗯？

스님2 : 아이고~
僧人2 : 哎呀呀。

길손 : 사돈이 누구냐니까~말해 줘요~
路春 : "彼此"是谁啊。告诉我吧。

스님2 : 안보여~
僧人2 : 看不见。

스님1 : 감이야.
僧人1 : 合美啊。

감이 : 네, 스님.. 조심히 다녀 오세요
合美 : 欸, 大师。路上小心一点。

스님1 : 그래. 길손이 너무 걱정하지 말거라. 알았지?
僧人1 : 好的。别太担心路春。知道吗？

감이 : 네
合美 : 嗯。

스님1 : 그럼 다녀 오마.
僧人1 : 那么, 我走了。

감이 : 저, 스님.

合美 : 那，大师。

스님1 : 음? 아니, 왜 그러느냐, 감이야?

僧人1 : 嗯？怎么了，合美？

감이 : 저기..이거..

　　　 잘 못 만들었지만..

　　　 저번에 길손이가 스님 염주를 망가뜨려서 죄송합니다.

合美 : 那……，这个给你，

　　　 做的不太好，

　　　 以前路春把您的念珠弄坏了，真对不起。

스님1 : 아니, 이걸 네가 엮은 게냐?

　　　　 아~ 정말 고맙구나, 감이야.

僧人1 : 这是，这是你穿的?

　　　　 啊! 合美，真是太感谢你了。

길손 : 빨리 내려 줘~ 가야 한단 말야~

路春 : 快放我下来。我要走了。

스님2 : 에이, 그래, 어여 가거라.

僧人2 : 哎呀，好了，快点走吧。

길손 : 누나~ ~이히~

　　　　 갔다 올게~안녕~

　　　　 안녕~누나~

路春 : 姐姐。嘿嘿!

　　　　 我走了，再见!

　　　　 再见! 姐姐。

스님2 : 에이 날씨 춥다.

　　　　 에이, 감이야. 이제 그만 들어가자. 춥다.

僧人2 : 哎呀，天气真冷啊。

哎呀, 我们回去吧合美, 真冷啊。

감이 : 아직이요. 길손이가 저렇게 계속 손을 흔들고 있잖
아요.

合美 : 不行啊, 路春一直在招手呢。

스님2 : 으응?

僧人2 : 嗯?

감이 : (울지 마.)

合美 : (别哭)

길손 : 아직 멀었어?

路春 : 还很远吗?

스님1 : 그래. 앞으로도 몇 고개는 더 가야 한단다.

僧人1 : 是的, 前边还有好几个山岭呢。

길손 : 이렇게나 많이 왔는데?

路春 : 都已经走了这么远了。

스님1 : 하하. 오기야 많이 왔지.
우리 길손이 힘든가 보네.

僧人1 : 哈哈, 是啊, 我们走了很远了。
我们路春看起来好像很累。

길손 : 나 굴러 갈래.

路春 : 我要滚着走。

스님1 : 어? 야! 야야야야 길손아～
길손아～
아이참..아이..

僧人1 : 哦? 呀! 呀呀呀呀 路春!
路春!
真是的, 哎呀。

스님1 : 그래, 우리 길손이 암자에 가면 무슨 공부를 할까?
　　　　글을 한번 배워 볼까?
僧人1 : 对了, 路春想在庙里学点什么呢?
　　　　我们学文字怎么样?

길손 : 그런 건 시시해.
路春 : 那个没意思呀。

스님1 : 그럼?
僧人1 : 那么?

길손 : 눈을 감고도 다 볼 수 있는 그런 공부를 할 거야.
　　　　그래서 감이누나한테 알려줘야지~
　　　　저렇게 파란 하늘이랑~
　　　　새랑……나무랑..하얀 눈도 볼 수 있잖아~
　　　　어, 저기 산양도 볼 수 있으면 좋겠다, 응?
路春 : 我要学闭着眼睛也能看得见的本事。
　　　　然后, 我就可以教给姐姐了。
　　　　什么这么蓝的天啦, 鸟啦, 树木啦, 白色的雪啦,
　　　　姐姐全都可以看得见了。
　　　　哦, 那里的山羊要是也能看见多好啊, 嗯?

스님1 : 허허 고 녀석 참..
　　　　 어엇 차가워 이녀석아~!
僧人1 : 呵呵, 你这个小家伙, 真是……
　　　　哦哦, 很凉, 小家伙!

길손 : 이제 내려 줘.
路春 : 现在让我下来吧。

길손 : 아저씨 저 새는 이름이 뭐야?
路春 : 叔叔, 那个鸟叫什么名字啊?

스님1 : 어? 아~ 개똥지빠귀로구나~

僧人1：哦？啊，是斑鸠啊。

길손：아 그렇구나~

누나, 저 새는 이름이 개똥지빠귀래.

웃기지? 히히

근데 노랫소리는 참 슬프다. 그치?

누나, 꽃이 피었다~

겨울인데 말야~

병아리 가슴털같이 뽀송뽀송 털이 났어~

저기 저 돌부처님이 입김으로 키우셨나 보다. 그치?

路春：啊，原来是这样啊。

姐姐，那个鸟是叫斑鸠啊。

好笑吧？嘿嘿。

但是，它唱歌的声音听起来真的很悲伤啊，对吧？

姐姐，花开了。

虽然是冬天，

就像小鸡胸前的毛一样，松松软软的。

一定是那里的石佛用他自己的哈气来温暖它们的，　对吧？

길손：어? 우와아~~

아냐아냐~　너희들이랑　살려고　왔어，달아나지마~!

路春：哦？哇！

别别别，我是来和你们一起住的，别跑啊!

스님1：아이 녀석 참.

僧人1：哎咦，这小家伙真是……

길손：도망가지 말라니깐~!

路春：不是说过不让你跑吗!

스님1 : 힘들었지? 너한테는 먼 길이었을 텐데.
　　　　이제 그만 자거라
　　　　난 법당에서 철야정진을 해야 돼.
　　　　혼자 잘 수 있지?
僧人1 : 很累了吧? 对你来说, 路很太远了吧。
　　　　现在睡吧。
　　　　我要整夜在佛堂颂经。
　　　　一个人可以睡吧。

길손 : 응.
路春 : 嗯。

스님1 : 자~ 군불을 때어놨으니까 아침까지 뜨끈뜨끈할꺼다.
　　　　따뜻하지?
僧人1 : 好了, 炕已经开始烧了, 到明早都会热乎乎的。
　　　　很暖和吧。

길손 : 응. 불 끄지 마..
路春 : 嗯。别吹蜡烛。

스님1 : 응?
僧人1 : 嗯?

길손 : 무서워..
路春 : 我会害怕的。

스님1 : 흐흐..녀석..알았다 편히 자라, 길손아~
僧人1 : 呵呵, 小家伙, 我知道了, 好好睡吧, 路春。

길손 : 으아앙…….(울음소리)
路春 : 呜~~(哭声)

스님1 : 어어?
僧人1 : 嗯嗯?

길손 : 으아앙……(울음소리)
路春 : 呜～～(哭声)

스님1 : 어, 일어났구나.
　　　 허 녀석
　　　 고단했을 텐데 일찍 일어났네.
　　　 자, 세수하고 아침 먹자.
僧人1 : 哦, 起来了。
　　　 呵, 小家伙。
　　　 那么累, 怎么起得这么早啊。
　　　 来, 洗洗, 吃饭了。

길손 : 어?
路春 : 哦?

스님1 : 길손아～세수～
僧人1 : 路春, 来洗脸。

길손 : 앗차거～
　　　 아저씨, 다 씻었어～
路春 : 啊, 真凉啊。
　　　 叔叔, 我洗完了。

스님1 : 어 그래?
　　　 근데 왜 씻는 소리가 안 들렸지?
僧人1 : 哦, 是吗?
　　　 那怎么一点也没听见洗漱的声音呢?

길손 : 자, 봐～ 눈꼽 없지, 없지?
路春 : 看看! 没有眼屎吧, 没有吧。

스님1 : 허허허. 요 입가에 침 흘린 자국은 있는데?
　　　 허허허 녀석..됐다, 됐어. 들어 가자.
僧人1 : 呵呵呵。这边嘴角怎么还有口水的痕迹呢?

呵呵呵 小家伙, 好了, 好了, 进去吧。

길손 : 나 밥 많~이 줄 거지?

路春 : 多给我点儿饭, 好吗?

스님1 : 오나~그래, 알았으니까 방에 들어가 있어~

僧人1 : 好的, 好的, 知道了, 你进去吧。

길손 : 으쌰

　　　에잇

　　　가자~!

　　　토끼 잡으러~

　　　내일은 꼭 잡을 거야.

路春 : 哎哟。

　　　哎哟。

　　　走喽。

　　　去抓兔子喽。

　　　明天一定要抓到。

길손 : 너~딱 걸렸어~!

　　　어, 어? 안 돼. 도망 가지 마~!

　　　에잇!

　　　아이쿠, 누구 없어요? 끼였어요~!

路春 : 你, 上钩了。

　　　不行!!! 别跑啊。

　　　哎呦, 没有人吗? 我被卡住了。

길손 : 야~ 좀 놀자.

　　　좋아! 나도 꼭대기까지 올라갈 수 있어!

　　　더 이상 못가지? 나는, 나는 더……갈 수 있어.

　　　새도 아닌 것이……

　　　난 그냥 같이 친하고 싶은 건데……

路春 : 呀! 一起玩吧。

　　　好的!我也能爬到最上边!

　　　你不能再往上面爬了吧。可我还可以爬。

　　　又不是小鸟, 我只是想和你一起玩罢了……

길손 : 아저씨! 스님!! 나 하고 좀 놀자!

　　　앉아 있기만 하면 뭐해. 벽에 뭐가 있어?

　　　벽만 보고 있을 거면 뭐 하러 여기까지 왔어.

　　　큰 절에도 벽이 얼마나 많은데.

　　　누나, 흰 구름이 가버렸어.

　　　그 녀석도 심심했나봐 오면 혼내 줄 거야.

路春 : 叔叔! 大师!! 和我一起玩吧!

　　　光坐着干嘛。墙上有什么东西吗?

　　　要是光看墙的话, 那来这儿干嘛啊。

　　　大庙里有那么多墙呢。

　　　姐姐, 白云飘走了。

　　　那家伙好像也很无聊, 再来的时候我一定会批评它的。

　　　(낮에 놀다 두고 온 나뭇잎배는

　　　 엄마 곁에 누워도 생각이 나요

　　　 푸른 달과 흰 구름 둥실 떠가는

　　　 연못에서 살짝 떠다니겠지.)

　　　(大意: 躺在妈妈的身边

　　　 想起了白天玩的树叶船

　　　 蓝蓝的月亮和白色的云飘在荷塘上,

　　　 树叶船也许一起飘)

스님1 : 눈이 더 오기 전에 내일은 미리 다녀와야겠구나

　　　　누가 다듬다 말았군.

　　　　길손이랑 닮았는 걸.

　　　　이 녀석 방에 있었네.

길손아, 길손아? 아저씨하고, 어?

야 인석아! 너 지금 벽보고 뭐하고 있는 거냐?

僧人1：在下一场雪到来之前，明天得提前出去一趟啊。

这是谁没刻完的东西呢？挺像路春的。

这小家伙竟然在屋里。

路春！路春！和叔叔……哦？

呀，这小家伙！你现在看着墙干嘛啊？

길손：공부!

路春：学习!

스님1：공부?! 아저씨랑 좀 놀까?

재밌는 놀인데……

할 수 없지 뭐. 아저씨도 공부나 해야겠다.

僧人1：学习?! 和叔叔一起玩吧，怎么样？

很好玩的……

不行就算了。那叔叔也要学习了。

길손：아저씨~! 히히히ㅡㅡㅡ

路春：叔叔~! 哈~~

스님1：길손아 봐라 이게 바로 춤추는 눈썰매라는 거다.

僧人1：路春你看，这就是跳舞式滑雪。

길손：와~ 아저씨 너무 멋있다

路春：哇，叔叔太棒了。

스님1：멋지지

僧人1：厉害吧。

길손：내일 또 타자! 눈썰매!

路春：明天再去吧! 滑雪!

스님1：녀석, 알았다 하지만 내일은 너 혼자 있어야 될 거야.

僧人1：小家伙，知道了，但是明天你要一个人了。

길손: 왜?

路春: 为什么呀?

스님1: 눈이 더 오기 전에 장터에 좀 다녀와야 될 것 같아서.

僧人1: 下一场雪到来之前, 我得去一趟集市。

길손: 뭐 하러?

路春: 去干嘛?

스님1: 이것 저것 구해 올 것이 많단다.

僧人1: 这个啦, 那个啦, 需要买的东西很多呀。

길손: 싫어, 혼잔 무섭단말야.

路春: 不要, 我一个人会害怕的。

스님1: 무섭긴 부처님도 계시고 관세음보살님도 계시는데.

僧人1: 害怕什么, 佛祖和观世音菩萨都在啊。

길손: 금방 갔다오는 거야?

僧人1: 去一下就回来吗?

스님1: 그럼 금방 다녀오지 길손아, 혼자 있을 때 무서우면, 관세음보살, 관세음보살 하고 보살님을 찾아봐.

僧人1: 当然, 去一下就回来。路春, 一个人害怕的话, 叫观世音菩萨, 观世音菩萨, 找菩萨。

길손: 그럼, 관세음보살님이 오서?

路春: 那么, 观世音菩萨就会来吗?

스님1: 오고말고, 네가 마음을 다해 부르면 꼭 오시지

僧人1: 当然来, 你如果真心地呼唤他, 他一定会来的。

길손: 마음을 다해 부르면? 그럼, 엄마가 온단 말이지?!

路春: 真心的话? 那么妈妈也会来了?

스님1: 인석아! 엄마가 아니고 관세음보살님이라니까

僧人1: 这小家伙! 不是妈妈, 是观世音菩萨。

길손 : 아무튼.

스니임~!

잘 다녀오세요, 스님~!

스님~! 빨리 오세요~~~

路春 : 不管怎样。

大师!

路上小心, 大师!

大师! 快点回来!

스님1 : 그곳은 문둥병에 걸린 스님이 묵고 있다가 죽은 곳
이야

僧人1 : 这里是一位得了麻疯病死去的僧人生前住过的地方。

길손 : 누나, 방도 무섭게 생겼지? 문에 먼지가 가득해
누나가 여기서 지키고 있을래?
나 금방 들어갔다 나올게, 알았지?

路春 : 姐姐, 房子也很可怕吧。门上都是灰。

姐姐能在这里守着吗?

我进去一下就出来, 知道吗?

스님1 : 그 방은 들어가지 마라, 알았지!

僧人1 : 不准进那个屋子, 知道吗!

길손 : 도도도…… 도깨비다, 도깨비!
뭐야? 암것도 아니잖아.
놀라셨죠? 안녕하세요. 저는 길손이에요.
보살님이시죠? 나 금방 알아요.
그 꽃은 무슨 꽃이에요?
감이 누나만큼 예쁜 꽃이네요.
히~? 너무 떠들었나요?
안녕히 계세요.
내일 또 놀러 와도 되나요?

된다구요? 그럼 내일 또 올게요.
문은 똑바로 해놓을게요.
잘 안되네요. 안녕 보살님.

路春：妖妖妖……妖怪, 妖怪!
什么啊? 什么也不是。
吓到您了吧? 您好。我的名字叫路春。
观世音菩萨, 是吗? 我一看就知道了。
那是什么花啊。
跟姐姐一样漂亮!
嘿～!很吵对吧?
再见。
明天还可以来玩吗?
您说可以? 那我明天一定会来的。
门会给您关好的。
关不好啊。再见, 观世音菩萨。

아주머니: 어휴～ 참 곱다.
阿姨：啊呦～真漂亮啊。

상인: 서두르셔야겠습니다. 스님.
큰 눈이 오겠는데요.
商人：得快一点了, 大师。
快要下大雪了。

스님1: 안돼! 길손이가 혼자 있어.
금방 간다, 길손아.
조금만…… 조금만 더
僧人1：不行啊! 路春一个人在那里呢。
我马上就回来了, 路春。
一步, 二步。

길손: 스님 잘 다녀오세요. 스님 빨리 오세요.

路春：大師路上小心。大師快点回来啊。

스님1 : 이러면 안 되는데…… 길손아.

僧人1 : 这样不行……路春。

길손 : 아직 안 왔네.
　　　이제 방이 깨끗하죠? 군불도 넣었어요.
　　　오늘은 눈이 엄청 많이 왔어요.
　　　그래서 스님아저씨가 늦나 봐요.
　　　어제는 혼자 잤어요. 무서웠냐구요?
　　　히히, 조금요. 그래도 울진 않았어요.
　　　여기서 혼자 계셨어요?
　　　이젠 내가 자주 놀러 올게요.
　　　잠깐만요.
　　　따뜻하죠?
　　　나는요. 스님 아저씨랑 공부하러 왔어요.
　　　무슨 공부냐구요?
　　　눈을 감고도 볼 수 있는 공부예요.
　　　감이 누나에게 알려주려구요.
　　　왜냐하면 엄마를 찾으러 갈 거거든요.
　　　난 엄마 얼굴을 몰라요. 기억이 안 나거든요.
　　　감이 누나는 알아요. 맨날 엄마 꿈 꾸니까요.
　　　하지만…… 감이누난 볼 수 없잖아요.
　　　엄마를 만나고도 알아보지 못하면 어떡하죠?
　　　그래서 눈을 감고도 볼 수 있는 …… 그런……
　　　어……엄마?
　　　엄마라고 불러도 돼요……?
　　　스님 아저씨 오나 나가봐야겠어요
　　　내일 또 올 게요
　　　엄마……

路春：还没有回来啊。

现在屋里很干净吧。炕也烧了。

今天雪下得可大了。

所以，大师叔叔可能会晚一点回来。

昨天我一个人睡的。你问我害怕吗？

嘿嘿，有一点儿。即使那样我也没哭。

您一个人在这里吗？以后我会常常来玩的。

等一下。

很暖和吧。我呢，是和大师叔叔来这里学习的。

你问我学什么吗？

我是来学习闭上眼睛也能看见东西的。

还打算教给姐姐呢。

因为我们要去找妈妈。

我不知道妈妈长得是什么样子，一点也想不起来了。

可姐姐知道。因为姐姐每天都能梦见妈妈。

但是，姐姐的眼睛看不见。

看见妈妈也不知道的话，怎么办？

所以，即使闭上眼睛也能看见……那样……

妈……妈妈……

我能叫您妈妈吗？

大师叔叔可能快回来了，我得走了。

我明天再来。

妈妈……

스님1：길손아……
僧人1：路春……

남자：스님! 스님!
男：大师! 大师!

스님1：내가 간다, 길손아

僧人1：我马上回去，路春。

남자：벌써 이틀째인데 큰일일세……

男：已经两天了，怎么办呢……

길손：엄마, 안녕히 주무셨어요?
　　　오늘도 눈이 엄청 많이 왔어요
　　　세상이 전부 하얘요
　　　그리고……아저씨는요……스님은요……
　　　스님은……길손이한테 화났나 봐요
　　　깜깜밤이 많이 지났는데……그랬는데……
　　　내가 말을 너무 안 들어서……
　　　그래서……그래서..안 오나 봐요.
　　　잘못 했어요. 스님

路春：妈妈，睡得好吗?
　　　今天又下了很大的雪呢!
　　　外边到处都下雪呢!
　　　然后……叔叔……大师……
　　　大师……好像生路春的气了。
　　　都过了好几个黑夜了……可是……
　　　我太不听话了，所以，所以好像他不回来了。
　　　我错了，大师。

길손：누나 마음을 다해 불렀는데
　　　엄마가 오지 않아.
　　　엄마도 길손이가 미운가 봐,，，
　　　누나, 어떻게 하면 마음을 다하는 거야?
　　　누나, 누나～～～
　　　엄마 찾으러 언제가?
　　　엄마 찾으러 가자 누나?
路春：姐姐，我真的用心去呼唤了。

妈妈没来。

妈妈好像讨厌我。

姐姐，怎么做才算全心全意呢。

姐姐，姐姐～～

什么时候去找妈妈啊

我们去找妈妈吧，姐姐。

감이 : 그래, 따뜻한 봄이 오면 가자 길손아

이제 봄이야, 길손아

스님 저 새는 왜 저렇게 슬피 울까요?

合美 : 好的，等到温暖的春天来了，我们就去。

已经春天了，路春。

大师，那只鸟为什么哭的那么悲伤啊？

스님1 : 음……개똥지바퀴로구나……

僧人1 : 嗯……是斑鸫啊..

길손 : 누나, 저 새는 이름이 개똥지빠귀래, 웃기지?

근데 노래 소리는 참 슬프다 그치?

路春 : 姐姐，那只鸟叫斑鸫，好笑吧？

但是歌声真的很悲伤，对吧。

감이 : 스님.

이제 다 왔나 봐요. 온기가 느껴져요.

合美 : 大师。

已经到了吧。我感觉暖和了。

스님1 : 그래, 이제 다 왔다

자, 내 등에 업히거라. 감이야.

僧人1 : 是啊, 已经到了。

合美, 让我背你吧。

관세음보살 ……. 관세음보살

观世音菩萨

스님1 : 저 소리?!
僧人1 : 这个声音?!

감이 : 들리세요? 길손이 목소리에요. 스님!
合美 : 听到了吗? 大师, 是路春的声音啊。

스님1 : 길손아, 길손아～
　　　　넌 여기에 있거라. 감이야.
　　　　길손아～
　　　　길손아, 어디?
　　　　길손아～길손아

僧人1 : 路春, 路春。
　　　　合美, 你先呆在这里。
　　　　路春!
　　　　路春, 在哪儿?
　　　　路春～路春。

길손 : 누나～!!!
　　　　누나, 엄마가 오셨어.
　　　　배가 고프다 하면 젖을 주고, 심심하다고 하면
　　　　나랑 함께 놀아 주었어.
　　　　누나, 나는…… 엄마를 만났어.

路春 : 姐姐!!!
　　　　姐姐, 妈妈来了。
　　　　我饿的时候喂我奶喝, 无聊的时候陪我一起玩儿。
　　　　姐姐, 我……见到妈妈了。

감이 : 엄마
合美 : 妈妈。

엄마 : 감이야

妈妈：合美啊。

감이 : 엄마

合美：妈妈。

관세음보살 : 이 어린아이는 곧 하늘의 모습이니라
　　　　　오직 변하지 않은 그대로 나를 불렀으며
　　　　　나뉘지 않은 마음으로 나를 찾았다.
　　　　　이 아이의 순수함이 세상을 밝게 비추리라.

观世音菩萨：这个孩子就是佛的样子。
　　　　他始终不渝地呼唤我，
　　　　用毫无杂念的心灵寻找我，
　　　　他的纯真将使大地生辉。

감이 : 길손아! 우리…… 길손이 자니?

合美：路春！我们路春……，睡了吗？

길손 : 응! 누나, 나 꿈꾸는 거야?

路春：嗯!姐姐，我在做梦呢。

감이 : 응!

合美：嗯!

길손 : 누나랑 같이?

路春：和姐姐在一起吗？

감이 : 으응, 누나랑 같이……

合美：嗯，和姐姐一起……

길손 : 그럼 누나 엄마 꿈 꿔라, 응?!

路春：那么，姐姐要梦见妈妈哦，嗯？

감이 : 그래, 엄마 꿈꾸자!

合美：好的，我们一起来梦妈妈吧!

- 끝 -

참고문헌

표준국어대사전, 국립국어원

국어사전, 민중서림

중한대사전, 고려대학교 민족문화연구소

한중사전, 고려대학교 민족문화연구소

现代汉语词典, 商务印书馆

신현숙 外, 한국어·중국어학습사전, 한국문화사, 2000

임호빈 外, 한국어 문법, 연세대학교 출판부, 2003

이희자 外, 어미·조사 사전, 한국문화사, 2001

단어 색인

▶ 가 ◀

▶ 나 ◀

▶ 다 ◀

▶ 바 ◀

· 저자 ·

김 숙 자   **· 학 력 ·**
고려대학교 인문정보대학원 중국어번역학과 문학 석사
고려대학교 응용어문정보학협동과정 중국어문정보학 전공 박사과정

· 경 력 ·
현 선문대학교 한국어 교육원 강사
현 금강대학교 한국어 교육원 강사
현 고려대학교 서창캠퍼스 국제어학원 강사

김 규 진   **· 학 력 ·**
고려대학교 인문정보대학원 중국어번역학과 문학 석사
고려대학교 응용어문정보학협동과정 중국어문정보학 전공 박사수료

· 경 력 ·
현 고려대학교 서창캠퍼스 국제어학원 강사

영화로 배우는 한국어 **오세암(五岁庵)**

· 초판 인쇄	2006년 1월 3일
· 초판 발행	2006년 1월 3일
· 지 은 이	김숙자, 김규진
· 펴 낸 이	채종준
· 펴 낸 곳	한국학술정보㈜
	경기도 파주시 교하읍 문발리 526-2
	파주출판문화정보산업단지
	전화 031) 908-3181(대표)·팩스 031) 908-3189
	홈페이지 http://www.kstudy.com
	e-mail(e-Book사업부) ebook@kstudy.com
· 등 록	제일산-115호(2000. 6. 19)
· 가 격	35,000원

ISBN   89-534-4245-1 93710   (Paper Book)
       89-534-4246-X 98710   (e-Book)